リバティプリントで楽しむ
私の服作り

阿部真理
mari abe (ma・rerura)

文化出版局

CONTENTS

[エターナルコレクションから]

4　リバティプリントへのオマージュ

6　A　裾リボンプルオーバー …… 作り方 35

7　B　フレンチスリーブフリルブラウス …… 作り方 38

8　C　リバーシブルティアードスカート …… 作り方 66

10　D　かんたん7分袖ブラウス …… 作り方 40

11　E　ゆったり5分袖ワンピース …… 作り方 42

12　F　ヨークブラウス …… 作り方 44

13　G　ヨークワンピース …… 作り方 46

14　H　Aラインラグランワンピース …… 作り方 50

16　I　袖つけに工夫のあるペプラムジャケット …… 作り方 58

17　J　ティアードキュロット …… 作り方 68

18　K　パンツ？スカート？ …… 作り方 70

20　L　シャツ …… 作り方 53

21　M　メンズシャツ …… 作り方 56

22　N　キャップスリーブ前あきワンピース …… 作り方 60

24　O　コサージュ …… 作り方 75

　　P　三角バイアススカーフ …… 作り方 77

　　Q　パッチワークバッグ …… 作り方 78

26　R　Aラインラグランチュニック …… 作り方 51

[リトールドコレクションから]

27　S　2つのVネックのリバーシブルジャンパースカート …… 作り方 62

28　T　ワイドパンツ …… 作り方 72

29　U　かんたん半袖ブラウス …… 作り方 40

30　V　バルーンシルエットワンピース …… 作り方 64

31　W　フラットカラー前あきワンピース …… 作り方 47

32　150周年を記念したコレクション"リトールド"

34　HOW TO MAKE

リバティプリントへのオマージュ

愛してやまない美しい柄の生地、リバティプリント。それを毎年生み出し、提供してくれるイギリスのリバティ社が2025年、創業150周年を迎えます。

リバティプリントが長い間、たくさんの人々に愛され続けてきたのには理由があります。そのすばらしさをひとことでお伝えするのは難しいのですが、主な素材として使われている "タナローン" の魅力が大きいと思います。薄くて繊細でありながら、丈夫で発色がよく、家庭で洗うことができ、アイロンは不要。いいことづくめのこの生地に、毎シーズン歴史あるアーカイブから紡ぎ出される新鮮な、そしてその年のテーマ性という豊富さが加わるため、常に私たちファンを飽きさせない魅力的な柄の数々。世界一のテキスタイルだと思っています。

私はその大好きなリバティプリントを使ったコレクションを、全国で年に3回発表しています。その活動と合わせて生まれ育った都会から、7年前に赤城山の麓のアトリエに拠点を移し、植物に囲まれた暮らしから生まれる服作りや料理、アートなどライフスタイル全般をそこに集う皆さんと共有しています。

アトリエで定期的に開いているハンドメイドクラスでは、洋裁、編み物、ハンドクラフト、と様々な物作りを楽しんでいますが、それとは別にひと月に一度、1DAYWORKSHOPと称し、前もって生徒さんが選んだリバティプリントの生地をスタッフが裁断しておき、当日1日で縫い上げる、という荒業（笑）を8年余り続けてきました。今回はその中でも簡単にできる形を選び、アレンジしたデザインをご紹介したいと思います。生徒さんたちが柄や素材を替えて何枚も作っている、いわばヒット作の数々です。

2021年発行の『リバティプリント新しいクチュール』では、新しい提案として、秋冬にも心地よく着ることが可能な、リバーシブルでの仕立て方などを紹介させていただきましたが、本書では春夏にふさわしい、シンプルな作りやすい形を集めました。

リバティプリントというと、かわいい小花柄というイメージが世の中に定着していることに驚き、それだけではないのに……と少々残念に思っていましたが、今回は比較的どなたでも手に入れやすい定番柄であるエターナルコレクションを中心にして、最新の春夏シーズナルコレクションから選んだ個性的な柄も加えました。バラエティに富んだワクワクするリバティプリントでの服作りをぜひお楽しみください。

充分すぎるほど有名な生地ではありますが、一人でも多くのかたにまた、ひと味違うリバティプリントの魅力をご覧いただけたら、この上ない喜びです。

阿部真理

Eternal collection
エターナルコレクションから

A
裾リボンプルオーバー
Lodden

1884年にウィリアム・モリスデザインの歴史ある柄を優しい色合いで表現。
衿ぐりに前後差はなく、スラッシュあきを前後どちらにしても着られます。
>> P.35

※リバティジャパンの定番生地を"エターナルコレクション"と呼んでいます。

B
フレンチスリーブ
フリルブラウス
Emily

1940年に初めてプリントされた
ガーデニング愛好家の庭に
のびやかに咲く花々を描いた歴史ある柄で、
裁ちっぱなしのフリルを配したプルオーバー。
シンプルでありながら隠したい二の腕、
腰回りもカバーするデザイン。
>> p.38

C
リバーシブル ティアードスカート

Yoshie, Small Sus,
Patrick Gordon

柄を組み合わせて使う場合、
ベースになる色をそろえると
違和感なく合わせられます。
裏側に単独で使っている"Patrick Gordon"は
無地感覚で使えるので、
組合せにたびたび登場させる柄です。
>> p.66

D
かんたん7分袖ブラウス
Spring Garden

繊細な花々が印象的な柄は、
スカーフデザインのアーカイブから
インスピレーションを受けたとか。
素材は透け感のあるリヨセルです。
初めてハンドメイドクラスに来たかたにも
おすすめしている
すぐに仕上げられるデザインです。
>> p.40

E
ゆったり5分袖ワンピース
Small Sus

リバティプリントを代表する、
といってもいいくらいおなじみですが、
ひまわりをこんなにものびやかに、
緻密で繊細な柄にできるなんて！と
この柄を見るたびに思います。
ゆったりしたシルエットが、
どんな体型のかたにも
不思議とおさまりのいいデザインです。

>> p.42

F

ヨークブラウス

Royal Oak House, Swim Dunclare,
Patrick Gordon

水彩で描かれた美しい風景、
動物や家々が点在するこのいやされ柄を
ベースにして色目を統一し、
濃いめの色合いのヨークを配しました。
ヨークは切り替えずに乗せた仕立てなので、
見た目よりも簡単に作れるよう
工夫してあります。

>> p.44

G

ヨークワンピース

Xanthe Sunbeam, Wiltshire,
Patrick Gordon

一見水玉柄のように見えながら、
植物が一面に描かれたこの柄は
ほんとうに飽きることなく使う柄です。
Fのヨークブラウスを
ワンピースにアレンジしていますが、
身頃よりも薄い色目の柄を
ヨークに使用しました。
柄の合せ方の参考になればうれしいです。

>> p.46

H
Aラインラグランワンピース

Harry James Jungle

サファリを背景に絶滅危惧種の動物などが楽しげに描かれ、
環境へのメッセージが込められたリバティプリントらしさを感じるテキスタイルです。
ワンピースの前をあけたらはおるようにも着られます。素材はしっかりとしたポプリンで作りました。
>> p.50

I
袖つけに工夫のあるペプラムジャケット
Felda

アヤメ、ポピー、デイジー……
草原に咲く花々を水彩で描いた大人のフラワープリントは、リサイクルナイロン。
前はセットインスリーブできちんと感があり、後ろはラグランスリーブの着やすさ。
ワークショップでも何枚も作るかたが続出でした。

>> P.58

J

ティアードキュロット

Felix And Isabelle

時代を超え19世紀から愛される
格調高いペーズリー柄は、
ショールに使われていた柄だそうです。
ティアードのキュロットは
足さばきがよく、
パンツ派のかたにも着ていただけました。
3段の布地をそれぞれ変えても楽しいです。
>> p.68

K
パンツ？スカート？

Ianthe, Swim Dunclare

アールヌーボーですみれを表現すると
こんな感じ？と思うIantheと、
私の中ではリバティプリントの
無地という位置づけの
Swim Dunclareを使って
何通りにも着られるボトムスに。
とても簡単に仕上がります。
しくみはパターンでお確かめください。
>> p.70

L
シャツ
Tresco

シャツを作りたい！という生徒さんの要望から、
初心者でもいかに簡単にきれいに作れるかを
工夫してデザインしました。
2013年に初めて
花々が咲き乱れるこの柄を見た時は、
思わず声が出た美しい柄。
定番にしたいシンプルなシャツが特別なものに。
>> p.53

M
メンズシャツ
Tresco

シャツを着る機会の多い男性は、
質のよさに敏感なかたが多く、
初めてリバティプリントに袖を通すと
ほんとうに喜んでくれます。
かなりの数のかたが
大切なかたにプレゼントし、
うれしいことにリピート多数です。
Lのシャツと色違いの素材で。
>> p.56

N
キャップスリーブ
前あきワンピース

Amies

初期のリバティプリントから
インスパイアされた、
組み合わせやすい2色づかいを選んで、
多様に着られるデザインに。
ワンピースとしてはもちろん、
前ボタンをあけてロングベストのように、
インナーを着てジャンパースカート風にも。
後ろベルトがポイントに。

>> p.60

O
コサージュ

小さな裁ち端布を
接着剤で貼り合わせて。
服の衿もとやバッグに、プレゼントにも。

>> P.75

P
三角バイアススカーフ

正方形の布を三角に折り、
好きな枚数をつなげて
タナローンの肌ざわりがいいスカーフに。

>> P.77

Q
パッチワークバッグ

画期的な布つなぎの方法で。
布目も気にしないであっという間に
仕上げます。

>> P.78

R
Aラインラグランチュニック
Dorset Rose

Hのワンピースの、着丈と袖丈を変えてアレンジ。
柔らかな薄手の素材リヨセルを使った、年代を超えたベーシックなデザイン。
夏はキャミソールの上に、冬はニットに重ねて年間を通して着られます。サボテンの花が華やかに描かれて。
>> P.51

Retold collection
リトールド
コレクションから

英国リバティ社は、
2025年に創業150周年を迎えました。
その記念コレクション
「リトールド」から。

S
2つのVネックの
リバーシブル
ジャンパースカート

A Celebration

浅いVネックと深いVネック、
どちらを前にしても着られ、
リバーシブル仕立てなので
裏側を表にすれば、
無地のジャンパースカートとしても
着られます。
写真は深いVネックを前にして、
不思議な動物たちのファブリックが
印象的な作品に。

>> p.62

T
ワイドパンツ

Bernard's Buildings

アールデコ様式のビル群が印象的な
プリントは、シルエットのきれいな
ワイドパンツに。
縦に流れるように連なるビル群が、
視覚的な足長効果につながります。
後ろウエストはゴムテープの
はき心地のよいパンツは、
大胆な柄で何枚も欲しい形です。

>> P.72

U
かんたん半袖ブラウス
Lord Thorpe

誕生から60年も愛されているこの柄を、ネオンの配色で美しく変身させるなんてさすが！
とうれしくなったこのファブリックで、いつも着たいシンプルな半袖ブラウスに。
Dと同じパターンで袖丈を変えて作りました。
>> p.40

V

**バルーンシルエット
ワンピース**

Master Plan

小花柄がリバティプリントの
イメージというかたが多い中、
こんなグラフィカルな柄も
リバティプリントなのです。
裾を軽く絞った
バルーンシルエット、
前後差なし、
いろいろな体型のかたに
着ていただける
ゆったりパターンです。

\>\> p.64

W
フラットカラー
前あきワンピース
Electric Nouveau

伝統的なモチーフを
こんなにもサイケな印象に
してしまうリバティプリント！
フラットカラーがついた
ウエストで切り替えた
ワンピースは、
タックをたたんだ
少し凝ったデザインです。
こちらも前後なく着られる
パターンです。

>> p.47

― 150周年を記念したコレクション"リトールド" ―

S A Celebration

T Bernard's Buildings

U Lord Thorpe

V Master Plan

W Electric Nouveau

シーズンごとに繰り出される、
衝撃的に美しいテーマ性のあるシーズナルコレクションに魅了されて数十年経ちます。
今回の記念コレクションもそのテーマにふれ、更に深い感銘を受けました。
膨大なテキスタイルの中から、私が選んだ5つのファブリック。
どなたにも着ていただけるようなデザインにしました。

S A Celebration （ア・セレブレーション）

人なのか動物なのか……アーティストでイラストレーターのエリー・カーティスが描いた
風変りなデザインは、リバティ百貨店の店内に点在する複雑な木彫りの動物たちからインス
ピレーションを得ています。よく見ると踊る動物たちが大きなテントやオブジェのよ
うな植物に囲まれて、リバティ150周年をお祝いしています。

T Bernard's Buildings （バーナーズ・ビルディングス）

1969年にバーナード・ネヴィルがデザインしたリバティ・スカーフシリーズから、デザイナ
ーの名前を冠したファブリックです。インパクトの強いこの建築パターンは、アールデコ
様式の高層ビルが立ち並ぶ架空の都市風景を表現しているそうです。これもリバティプリ
ント？と思いますが、建築モチーフを巧みに取り入れたファブリックは多数見られます。

U Lord Thorpe （ロード・ソープ）

60年もの間、美しいフラワープリントの代名詞のように愛されてきたThorpeが、新し
くネオンの配色を取り入れることで全く別の顔を見せてくれました。長年大好きだった
クラシカルな柄ですが、新しくなった顔は底抜けに明るくてチャーミング、そしてリバ
ティならではの気品を感じるのは、タナローンのやさしい風合いのせいでしょうか。

V Master Plan （マスター・プラン）

古い英国海軍の2艘の船を解体し、その木材を使用して建てられたリバティ百貨店は会
社の象徴となっています。このプリントの意匠は建築要素やフロアプランからインスピ
レーションを得たもの。この複雑で美しい幾何学模様にはリバティ百貨店の建築要素が
ベースになっていたなんて、驚きです。洗練された色づかいと図形の組合わせ、ずっと
見ていても飽きません。

W Electric Nouveau （エレクトリック・ヌーボー）

華やかで装飾的なデザインは、1960年から1970年にかけてリバティの顧客だったロック
スターからインスピレーションを得て誕生したもの。よく見ると、鏡面仕上げのレイアウト、
ダマスク柄のフラワーモチーフ、それに加えてカラフルなサイケデリックなタッチなど、不
思議で美しい独特な世界感を醸し出すプリントになっています。

HOW TO MAKE

〈実物大パターンのサイズ〉

* 付録の実物大パターンはS・M・Lの3サイズ、Eゆったり5分袖ワンピースはフリーサイズです。下記のサイズ表、各作り方ページに記載している出来上り寸法を参考に、サイズを選んでください。

* 丈はお好みで、ボトムのウエストはゴムテープの寸法で調整してください。

* シャツのように、比較的フィットしたアイテムは、いつも着用しているものをはかって、パターンを選んでください。Mメンズシャツはネック回りを確認することをおすすめします。

* 登場のモデルは身長167cmで、モデルサイズの作品を着用しています。

サイズ表　レディース

	S	M	L
バスト	81	85	89
ウエスト	65	69	73
ヒップ	88	92	96
身長		158	

単位cm

メンズ

	S	M	L
胸回り	88	92	96
身長		170〜175	

単位cm

〈実物大パターンの写し方〉

付録の実物大パターンは別紙に写しとって使います。パターンの線が透けて見える紙を用意します。

① 各作品の作り方ページに記載している、必要なパターンを確認します。実物大パターンは異なる作品の線が交差しているので、写す線をマーカーペン（こすると消えるタイプがおすすめ）でなぞります。線全体でなく、角や合い印だけをなぞっておいてもよいでしょう。

② ①の実物大パターンに別紙を重ね、重しやマスキングテープなどで固定して、線を写します。合い印やあき止り、ポケットつけ位置、布目線なども忘れずに写します。

③ ②のパターンに縫い代をつけて、縫い代つきのパターンを作ります。縫い代寸法は、裁合せ図に記載しています。縫い代の角に過不足が出やすい袖口や裾などは、角の回りに余分をつけて別紙を切り、縫い代を出来上りに折った状態で切って必用な縫い代がついた縫い代つきパターンにします。

*細くなっている袖口や裾

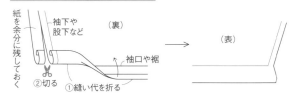

*広がっている裾

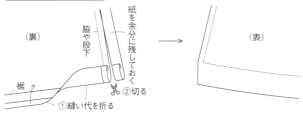

〈布の裁ち方〉

* 裁合せ図を参考に、布にパターンを配置し、縫い代つきのパターンどおりに布を裁ちます。ひもやループ、縁とり布など直線裁ちのパーツは、実物大パターンをつけていないものがあります。裁合せ図に示した寸法で、パターンを作るか布に直接印をつけて裁ってください。

* 材料に記載した布幅と違う布の場合は、使用量、パターンの配置が変わることがありますので、必ず確認を。

* リバティプリントは柄に方向があるものが多くあります。その場合は必ず一方向にパターンを配置して裁断します。

* 布の使用量は柄合せを考慮していません。柄合せが必要な場合は、布を多めに用意してください。

* 出来上り線の印つけをする場合は、布を外表に合わせて裁ち、2枚の布の間にチョークペーパーをはさんで、ルレットで印をつけます。

〈縫い方のポイント〉

* 材料にはミシン糸を省いていますので、布に合わせて用意してください。本書でご紹介の4素材のリバティプリント地はポリエステルミシン糸60番のミシン糸を、ミシン針はリヨセルは9番、他は11番を使っています。

* きれいに仕立てるために、正確な裁断、丁寧な縫製を心がけてください。

A 裾リボンプルオーバー →P.6

出来上り寸法
S…バスト126cm　着丈56cm　袖丈41.6cm
M…バスト130cm　着丈56cm　袖丈41.9cm
L…バスト134cm　着丈56cm　袖丈42.2cm

パターン　1面
前後身頃、前衿ぐり布、後ろ衿ぐり布、あき見返し、
裾布、リボン、袖、カフス
＊ループは裁合せ図に示した寸法で裁つ

材料
表布：タナローン（Lodden　ロデン／FE）＝108cm幅　2m
薄手接着芯＝90cm幅 50cm
接着テープ：ストレートタイプ＝0.9cm幅 60cm
ボタン＝直径1.3cmを1個

準備
＊あき見返し、前後衿ぐり布、裾布、カフスの裏面に接着芯をはる。
＊前後身頃の肩縫い代の裏面に接着テープをはり、端をロックミシンで始末する。
＊あき見返しの端、前後身頃の脇、袖下の縫い代端をロックミシンで始末する。
＊前後身頃の衿ぐりと裾、袖口のギャザー位置に、それぞれ縫い代端から0.8cm内側に粗い針目でミシンをかける（ギャザーミシン）。

作り方順序
1　前あきを見返しで縫い返す。→P.41 1
2　ループを作り、表右前衿ぐり布に仮どめする。
　　→P.41 4②、図
3　身頃の肩を縫う。→図
4　衿ぐり布を作る。→図
5　身頃の衿ぐりにギャザーを寄せて、衿ぐり布をつける。→図
6　脇を縫い、左脇にスリットを縫う。→図
7　裾布とリボンを作る。→図
8　身頃の裾にギャザーを寄せて、裾布とリボンをつける。→図
9　袖を作る。→図
10　袖をつける。→図
11　ボタンをつける。

裁合せ図　＊指定以外の縫い代は1cm
　　　　　　＊ ▨ は接着芯、接着テープをはる位置

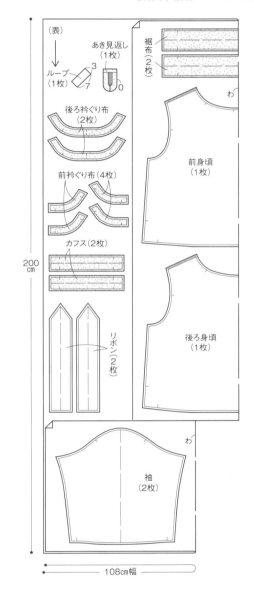

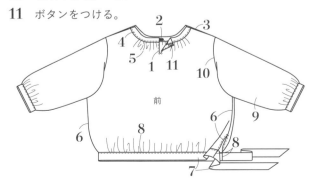

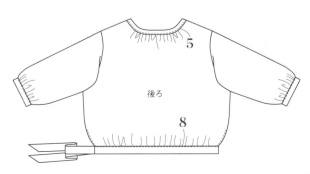

2 ループを作り、表右前衿ぐり布に仮どめする

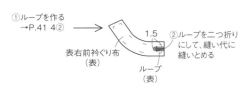

3 身頃の肩を縫う

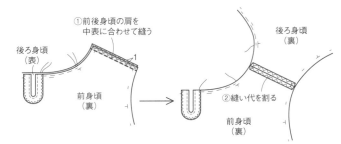

4 衿ぐり布を作る

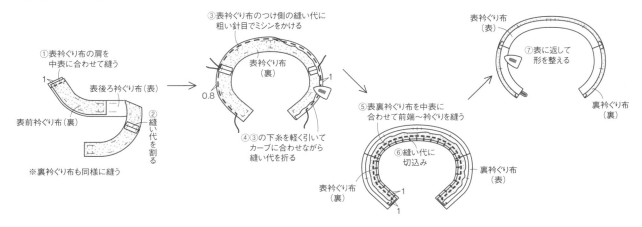

5 身頃の衿ぐりにギャザーを寄せて、衿ぐり布をつける

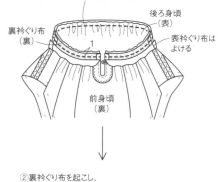

6 脇を縫い、左脇にスリットを縫う

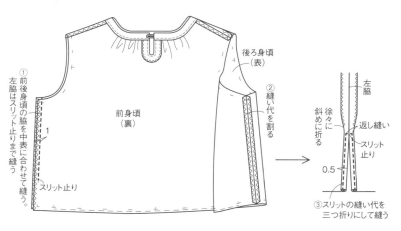

7 裾布とリボンを作る

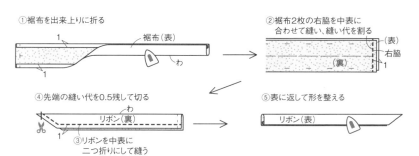

8 身頃の裾にギャザーを寄せて、裾布とリボンをつける

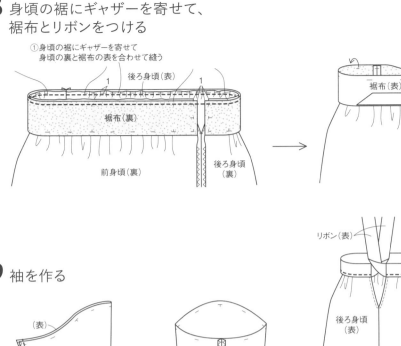

9 袖を作る

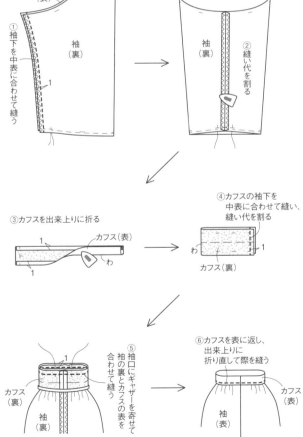

10 袖をつける

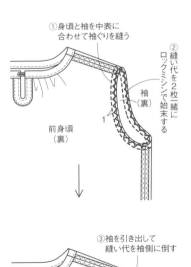

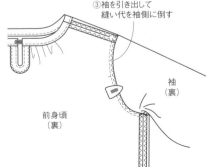

B フレンチスリーブフリルブラウス →P.7

出来上り寸法
S…バスト104cm 着丈61.5cm
M…バスト108cm 着丈61.5cm
L…バスト112cm 着丈61.5cm

パターン　2面
前身頃、後ろ身頃、あき見返し
*ループ、フリル、衿ぐり縁とり布、袖ぐり縁とり布は裁合せ図に示した寸法で裁つ

材料
表布：タナローン（Emily　エミリー／YE）
　　　=108cm幅　1m40cm
薄手接着芯：5×10cm
接着テープ：バイアスタイプ=0.9cm幅 S1m55cm／
　　　　　　M 1m65cm／L1m75cm
ボタン：直径1.2cmを1個

準備
*衿ぐり、袖ぐりの裏面に接着テープをはる。
*あき見返しの裏面に接着芯をはり、端をロックミシンで始末する。
*前後身頃の肩、脇の縫い代端をロックミシンで始末する。

作り方順序
1　後ろあきを見返しで縫い返す。→P.41 1
2　ループを作り、あきに仮どめする。→P.41 4 ②③
3　フリルにギャザーを寄せて、前身頃につける。→図
4　肩を縫う。→P.36 3 ①②
5　衿ぐりを縁とり布でくるむ。→図
6　脇を縫う。前後身頃の脇を中表に合わせて縫い、縫い代を割る。
7　袖ぐりを縁とり布でくるむ。→図
8　裾を始末する。縫い代を0.6cm、0.6cm幅の三つ折りにして縫う。
9　ボタンをつける。

裁合せ図
*指定以外の縫い代は1cm
* は接着芯、接着テープをはる位置

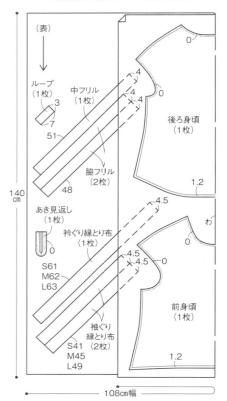

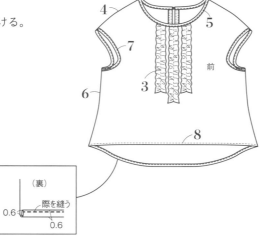

3 フリルにギャザーを寄せて、前身頃につける

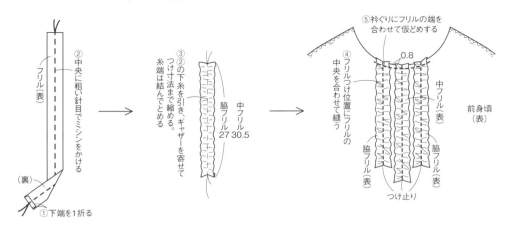

5 衿ぐりを縁とり布でくるむ

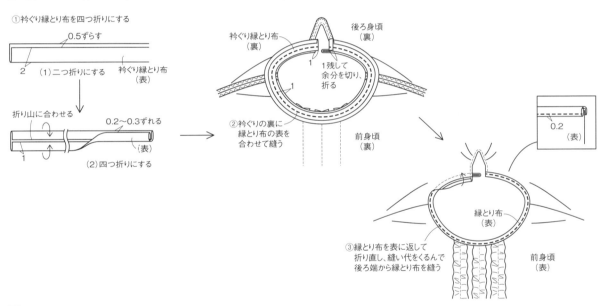

7 袖ぐりを縁とり布でくるむ

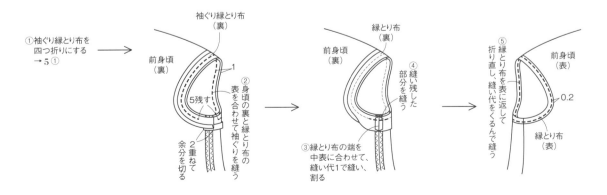

D かんたん7分袖ブラウス →P.10
U かんたん半袖ブラウス →P.29

出来上り寸法
〈D〉 S…バスト107cm　着丈(後ろ丈)65.5cm　袖丈35.8cm
　　 M…バスト111cm　着丈(後ろ丈)65.5cm　袖丈36cm
　　 L…バスト115cm　着丈(後ろ丈)65.5cm　袖丈36.2cm
〈U〉 S…バスト107cm　着丈(後ろ丈)65.5cm　袖丈14.8cm
　　 M…バスト111cm　着丈(後ろ丈)65.5cm　袖丈15cm
　　 L…バスト115cm　着丈(後ろ丈)65.5cm　袖丈15.2cm

パターン　1面
前身頃、後ろ身頃、ヨーク、あき見返し、袖
＊ループ、衿ぐり縁とり布は裁合せ図に示した寸法で裁つ

材料
〈D〉表布：リヨセル（Spring Garden　スプリング・ガーデン／AS）＝108cm幅　1m90cm
〈U〉表布：タナローン（Load Thorpe　ロード・ソープ／25AU）＝108cm幅　1m70cm
〈共通〉薄手接着芯：5×10cm
　　　　接着テープ：バイアスタイプ＝0.6cm幅55cm
　　　　ボタン：直径1cmを1個

準備
＊あき見返しの裏面に接着芯をはり、端をロックミシンで始末する。

作り方順序
1　後ろあきを見返しで縫い返す。→図
2　後ろ身頃のタックをたたみ、ヨークと縫う。→P.54 1
3　前身頃とヨークを縫う。→P.54 2
4　ループを作り、あきに仮どめする。→図
5　衿ぐりを衿ぐり縁とり布でくるむ。→図
6　袖をつける。Uは袖口のタックを縫い（→図）、つける。→P.43 5
7　袖下～脇を続けて縫い、スリットを縫う。→P.52 H-4、スリットの縫い方はP.55 8 ④
8　袖口を始末する。縫い代を1cm、2cm幅の三つ折りにして縫う。
9　裾を始末する。縫い代を1cm、2cm幅の三つ折りにして縫う。
10　ボタンをつける。

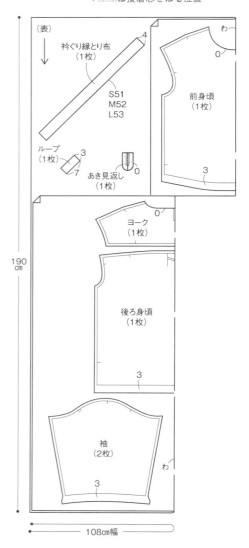

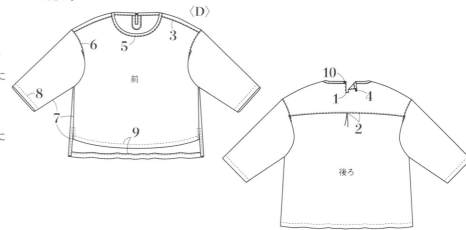

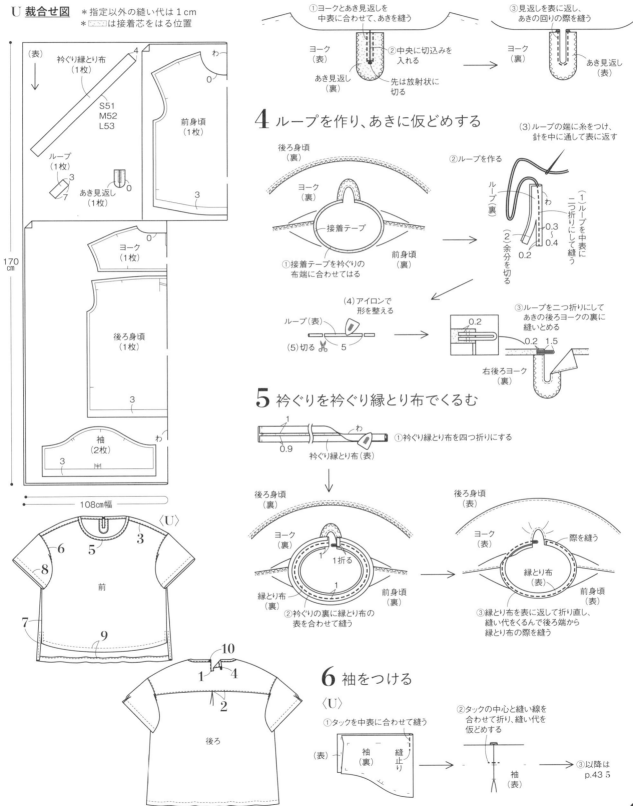

E ゆったり5分袖ワンピース →P.11

出来上り寸法（フリーサイズ）
バスト122.5cm　着丈114.5cm　袖丈24cm

パターン　2面
前身頃、後ろ身頃、ヨーク、前立て、衿、袖、前スカート、後ろスカート

材料
表布：タナローン（Small Sus　スモール・サス／WE）＝108cm幅2m80cm
薄手接着芯＝90cm幅50cm
ボタン＝直径1.3cmを6個

準備
＊前立て、表衿の裏面に接着芯をはる。
＊前後スカートの脇の縫い代端をロックミシンで始末する。

作り方順序
1　後ろ身頃とヨークを縫う。→P.54 1。ただし、後ろ身頃にタックなし。④は切替え線から0.5cm、ヨーク側を縫う。
2　前身頃とヨークを縫う。→P.54 2。ただし、③は切替え線から0.5cm、ヨーク側を縫う。
3　前身頃に前立てをつける。→図
4　衿を作り、つける。→図、つけ方はP.55 7。ただし、台衿を衿とする。
5　袖をつける。→図
6　袖下〜脇を続けて縫う。→図
7　袖口を始末する。縫い代を1cm、5cm幅の三つ折りにして縫う。
8　スカートを作る。→図
9　身頃とスカートを縫う。→図
10　ボタンホールを作り、ボタンをつける。

裁合せ図　＊指定以外の縫い代は1cm
＊ は接着芯をはる位置

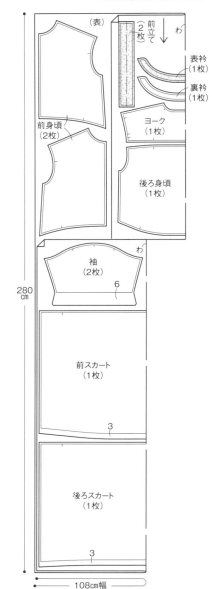

3 前身頃に前立てをつける

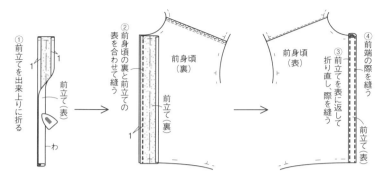

4 衿を作り、つける

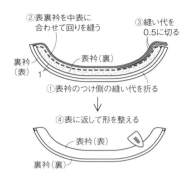

5 袖をつける

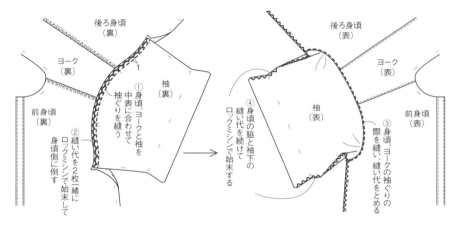

6 袖下～脇を続けて縫う

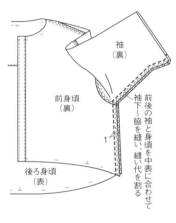

8 スカートを作る

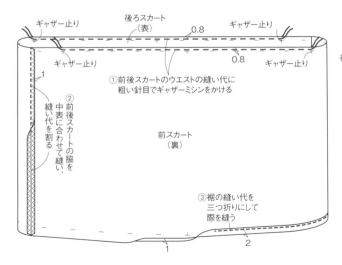

9 身頃とスカートを縫う

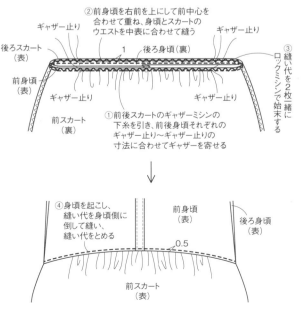

F ヨークブラウス →P.12

出来上り寸法
S…バスト103cm　着丈57.5cm　袖中心の丈58.5cm
M…バスト107cm　着丈57.5cm　袖中心の丈59cm
L…バスト111cm　着丈57.5cm　袖中心の丈59.5cm

パターン　2面
前身頃、後ろ身頃、前当て、上短冊、下短冊、衿、袖、袖口布

材料
表布a柄：タナローン（Royal Oak House　ロイヤル・オーク・ハウス／YE）= 108cm幅2m
表布b柄：タナローン（Patrick Gordon　パトリック・ゴードン／XE）= 108cm幅40cm
表布c柄：タナローン（Swim Dunclare　スイム・ダンクレア／VE）= 40×50cm
両面接着芯＝30×40cm
薄手接着芯＝60×30cm
接着テープ：ストレートタイプ＝2cm幅80cm
ボタン＝直径1.15cmを6個

準備
＊表衿、表袖口布の裏面に接着芯、表上下短冊の裏面に接着テープをはる。
＊前当てのパターン（縫い代なし）で両面接着芯を裁断する。
＊前当ての両脇と底の縫い代を折る。

作り方順序
1. 前身頃に前当てをつける。→図
2. 前身頃にあきを作る。→図
3. 前身頃と袖のダーツ、後ろ身頃のタックを縫う。→区
4. 袖口に袖口布をつける。→図
5. ラグラン線を縫う。→P.52 H-3
6. 袖下〜脇を続けて縫い、袖口布を仕上げる。→P.43 6、袖口布の仕上げ方は図
7. 衿を作り、つける。→P.43 4、つけ方はP.55 7。ただし、台衿を衿とする。
8. 裾を始末する。縫い代を1cm、2cm幅の三つ折りにして縫う。
9. ボタンホールを作り、ボタンをつける。

裁合せ図
＊指定以外の縫い代は1cm
＊接着芯、接着テープをはる位置

1 前身頃に前当てをつける

①前身頃と前当ての間に両面接着芯をはさみ、アイロンではる
②両脇と底の際を縫う

2 前身頃にあきを作る

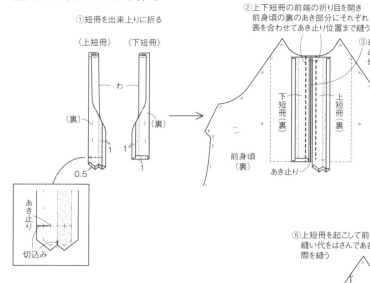
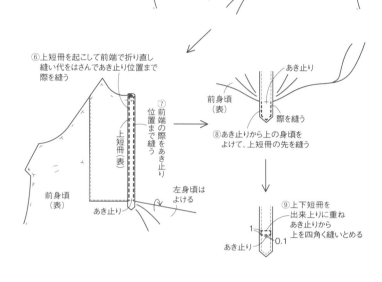

3 前身頃と袖のダーツ、後ろ身頃のタックを縫う

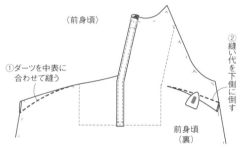
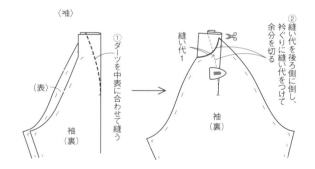
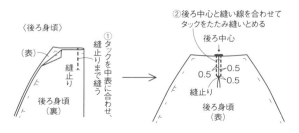

4 袖口に袖口布をつける

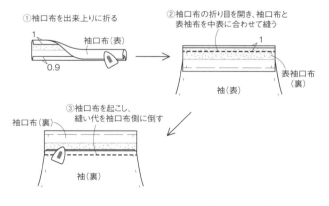

6 袖下〜脇を続けて縫い、袖口布を仕上げる

袖下〜脇の縫い方→P.43 6

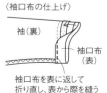

G ヨークワンピース →P.13

出来上り寸法
S…バスト103cm　着丈106cm　袖中心の丈59cm
M…バスト107cm　着丈106cm　袖中心の丈59.5cm
L…バスト111cm　着丈106cm　袖中心の丈60cm

パターン　2面
前身頃、後ろ身頃、前当て、上短冊、下短冊、ポケット、口布、衿、前裾布、後ろ裾布、袖、袖口布

材料
表布a柄：タナローン（Xanthe Sunbeam　ザンジー・サンビーム／DE）＝108cm幅 2m90cm
表布b柄：タナローン（Patrick Gordon　パトリック・ゴードン／XE）＝108cm幅 80cm
表布c柄：タナローン（Wiltshire　ウィルトシャー／SE）＝40×50cm
両面接着芯：30×40cm
薄手接着芯：90cm幅70cm
接着テープ：ストレートタイプ＝2cm幅80cm
ボタン：直径1.15cmを6個

準備
＊表衿、表袖口布、口布、前後裾布の裏面に接着芯、表上下短冊の裏面に接着テープをはる。
＊前当てのパターン（縫い代なし）で両面接着芯を裁断する。
＊前当ての両脇と底の縫い代を折る。

作り方順序　＊1、2、4、5はP.44　1～4参照
3　ポケットを作り、つける。→図
6　ラグラン線を縫う。→P.52 H-3
7　袖下～脇を続けて縫い、袖口を仕上げる。→P.43 6、袖口布の仕上げ方はP.45 6
8　衿を作り、つける。→P.43 4、つけ方はP.55 7。ただし、台衿を衿とする。
9　裾を裾布で縫い返す。→図
10　ボタンホールを作り、ボタンをつける。

裁合せ図　＊指定以外の縫い代は1cm
＊▨接着芯、接着テープをはる位置

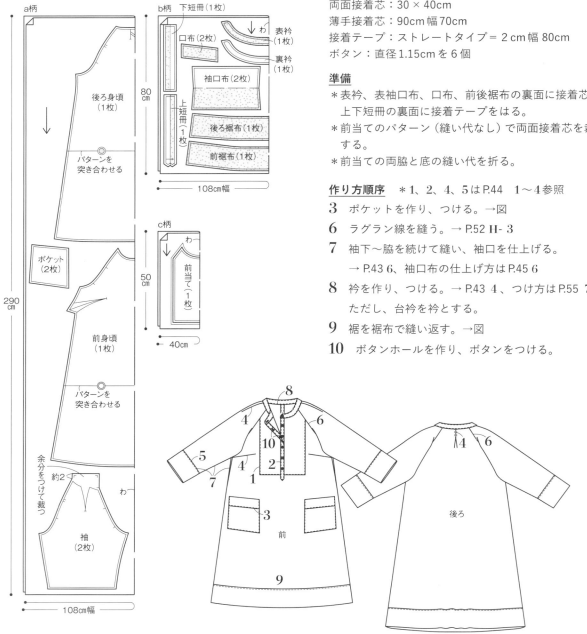

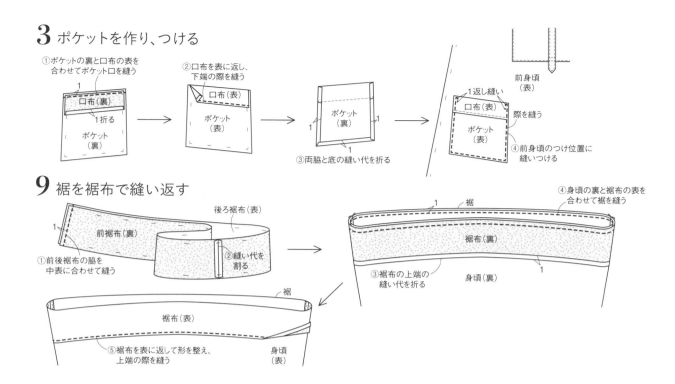

W フラットカラー前あきワンピース →P.31

出来上り寸法
S…バスト100cm　着丈105.8cm　袖丈55.5cm
M…バスト104cm　着丈105.5cm　袖丈56cm
L…バスト108cm　着丈105.2cm　袖丈56.5cm

パターン　4面
前身頃、後ろ身頃、前スカート、後ろスカート、
前見返し、衿、袖
＊衿ぐりバイアス布は図に示した寸法で裁つ。

材料
表布：タナローン（Electric Nouveau　エレクトリック・
　　　ヌーボー／25AU）＝ 108cm幅 3m30cm
薄手接着芯＝ 90cm幅 1m10cm
接着テープ：ストレートタイプ（肩用）＝ 0.9cm幅 45cm
　　　　　　バイアスタイプ（衿ぐり用）＝ 0.9cm幅
　　　　　　25cm
ボタン＝直径1.5cmを11個
ゴムテープ＝ 2cm幅 28cmを2本

準備
＊衿、前見返しの裏面に接着芯をはる。
＊前後身頃の肩縫い代の裏面にストレートタイプの接着
　テープをはり、端をロックミシンで始末する。
＊衿ぐりの衿つけ止りより中心側の縫い代の裏面にバイ
　アスタイプの接着テープをはる。

作り方順序
1　肩を縫う。前後身頃の肩を中表に合わせて縫い、縫い代を割る。
2　衿を作り、身頃に仮どめする。→図
3　前後スカートもウエストのタックをたたんで縫い代を仮どめする。
4　身頃とスカートを縫う。→図
5　前端を見返しで縫い返す。→図
6　衿ぐりをバイアス布で始末する。→図
7　袖をつける。→ P.43 5
8　袖下～脇を続けて縫う。→ P.43 6 。ただし、袖口にゴムテープ通し口を残す→図
9　裾を始末して、前見返し端を縫う。→ P.57 7 ⑥⑦。ただし、裾は縫い代を1cm、3cm幅の三つ折りにして縫う。前見返しは前端を縫わない。
10　袖口を始末して、ゴムテープを通す。→図
11　ボタンホールを作り、ボタンをつける。

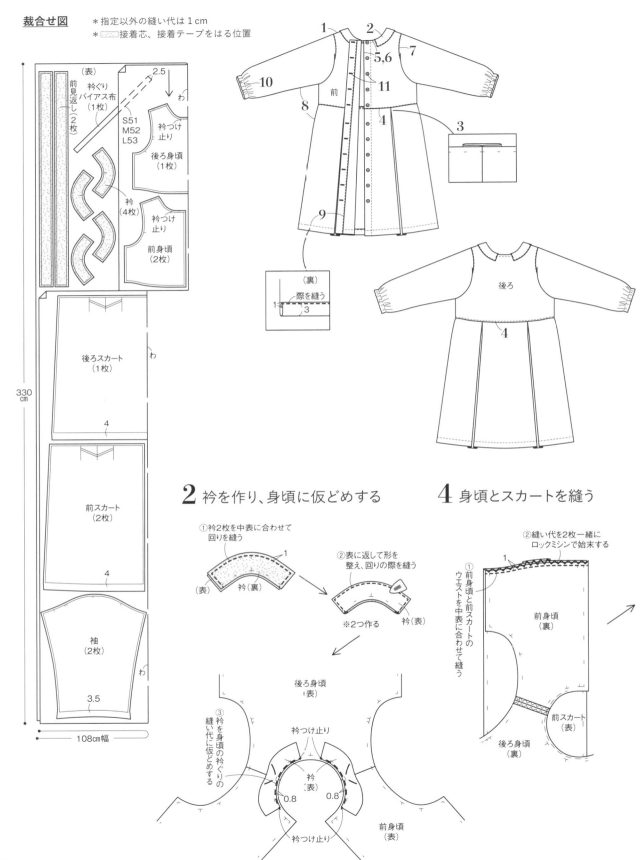

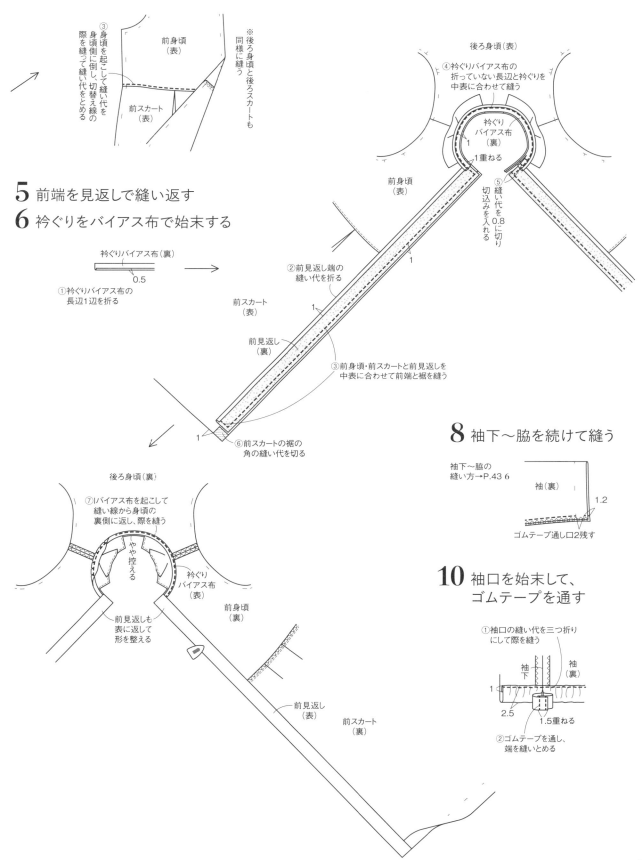

H Aラインラグランワンピース → P.14

出来上り寸法
S…バスト 96cm　着丈 103cm　袖中心の丈 67m
M…バスト 100cm　着丈 103cm　袖中心の丈 67.5cm
L…バスト 104cm　着丈 103cm　袖中心の丈 68.cm

パターン　2面
前身頃、後ろ身頃、前見返し、ポケット、衿、台衿、袖、袖口見返し

材料
表布：ポプリン（Harry James Jungle　ハリー・ジェームス・ジャングル／AP）＝ 108cm幅 S・M3m／L3m10cm
薄手接着芯：90cm幅　1m10cm
ボタン：直径1.3cmを10個

準備
＊衿、台衿、前身頃の前端、袖口の裏面に接着芯をはる。

作り方順序
1. ポケットを作り、つける。→ P.52図
2. 袖口に見返しをつける → P.52図
3. ラグラン線を縫う。→ P.52図
4. 袖下〜脇を続けて縫い、スリットを縫う。→ P.52図、スリットの縫い方は P.55 8④
5. 袖口を仕上げる。→ P.52図
6. 前身頃の前端を見返しで縫い返し、裾を始末する。→ P.57 7。ただし、裾は縫い代を1cm、1.5cm幅の三つ折りにして縫う。
7. 衿と台衿を作り、つける。→ P.55 6、7
8. ボタンホールを作り、ボタンをつける。

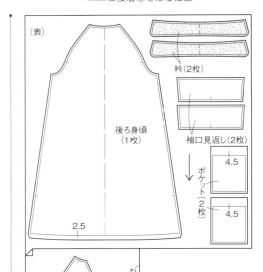

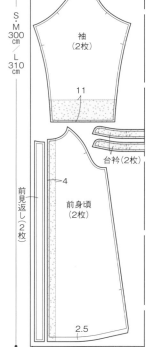

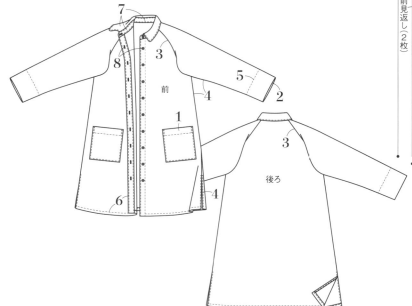

R　Aラインラグランチュニック　→ P.26

出来上り寸法
S…バスト96cm　着丈84cm　袖中心の丈57cm
M…バスト100cm　着丈84cm　袖中心の丈57.5cm
L…バスト104cm　着丈84cm　袖中心の丈58cm

パターン　2面
前身頃、後ろ身頃、前見返し、衿、台衿、袖、袖口見返し

材料
表布：リヨセル（Dorset Rose　ドーセット・ローズ／ BS）=
　　　108cm幅　2m50cm
薄手接着芯：90cm幅　90cm
ボタン：直径1.3cmを8個

準備
＊衿、台衿、前身頃の前端、袖口の裏面に接着芯をはる。

作り方順序
1　袖口に見返しをつける。→ P.52図
2　ラグラン線を縫う。→ P.52図
3　袖下〜脇を続けて縫い、スリットを縫う。
　　→ P.52図、スリットの縫い方はP.55 8④
4　袖口を仕上げる。→ P.52図
5　前身頃の前端を見返しで縫い返し、裾を始末する。→ P.57 7。
　　ただし、裾は縫い代を1cm、1.5cm幅の三つ折りにして縫う。
6　衿と台衿を作り、つける。→ P.55 6、7
7　ボタンホールを作り、ボタンをつける。

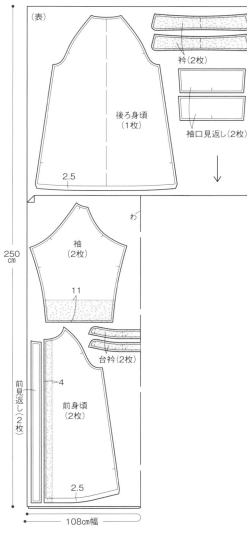

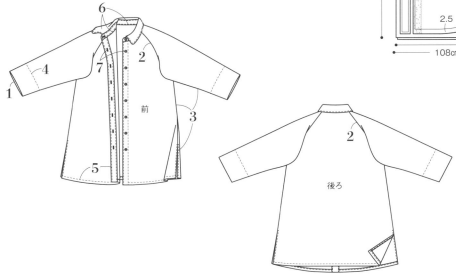

〈H〉**1** ポケットを作り、つける

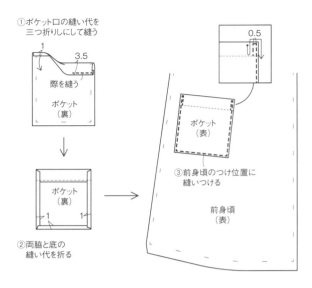

〈H〉**2**
〈R〉**1** 袖口に見返しをつける

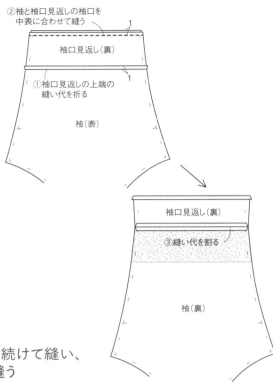

〈H〉**3**
〈R〉**2** ラグラン線を縫う

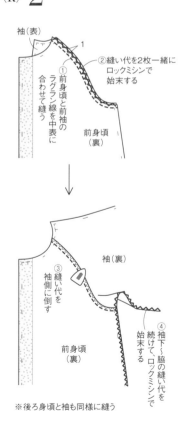

〈H〉**4** 袖下〜脇を続けて縫い、
〈R〉**3** スリットを縫う

〈H〉**5**
〈R〉**4** 袖口を仕上げる

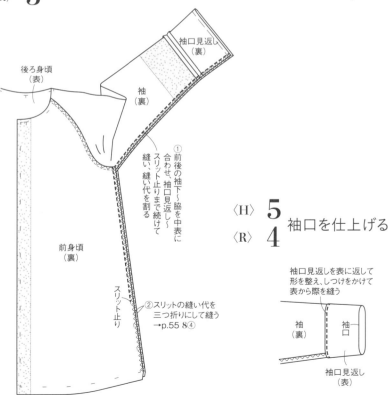

L シャツ →P.20

出来上り寸法
S…バスト111.4cm　着丈60.5cm　袖丈56.2cm
M…バスト115.4cm　着丈60.5cm　袖丈56.5cm
L…バスト119.4cm　着丈60.5cm　袖丈56.8cm

パターン　3面
前身頃、後ろ身頃、ヨーク、前立て、衿、台衿、袖、カフス

材料
表布：タナローン（Tresco　トレスコ／FE）＝108cm幅 S・M
　　　1m90cm／L 2m
薄手接着芯：90cm幅 70cm
ボタン：直径1.15cmを11個

準備
＊前立て、衿、台衿、カフスの裏面に接着芯をはる。
＊前後身頃の脇、袖下の縫い代端をロックミシンで始末する。

作り方順序
1　後ろ身頃のタックをたたみ、ヨークと縫う。→図
2　前身頃とヨークを縫う。→図
3　脇を縫う。前後身頃の脇を中表に合わせて縫い、
　　縫い代を割る。
4　裾を始末する。縫い代を0.5cm幅の三つ折りにして縫う。
5　前立てをつける。→図
6　衿と台衿を作る。→図
7　台衿をつける。→図
8　袖を作る。→図
9　袖をつける。→ P.37 10
10　ボタンホールを作り、ボタンをつける。

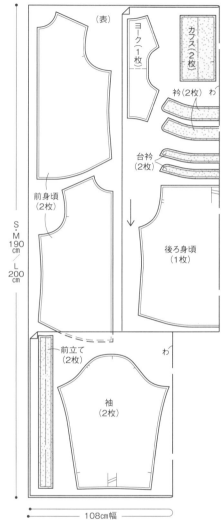

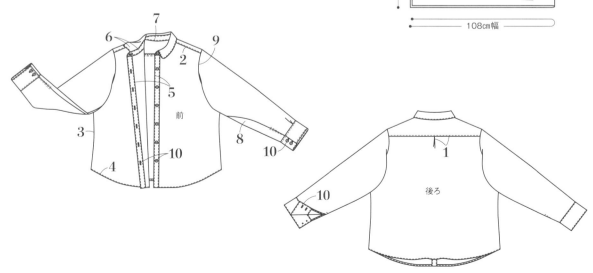

1 後ろ身頃のタックをたたみ、ヨークと縫う

2 前身頃とヨークを縫う

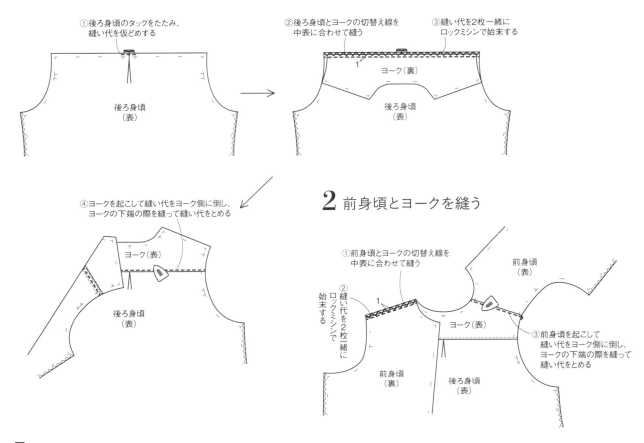

5 前立てをつける

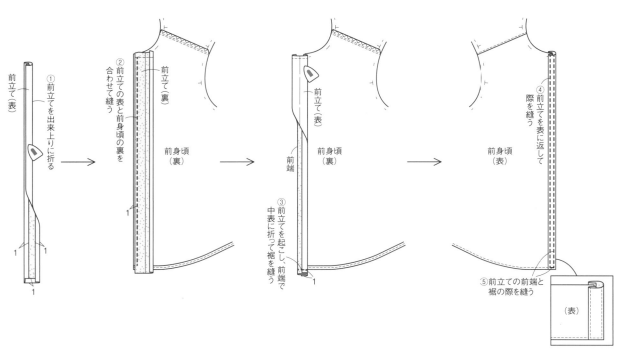

6 衿と台衿を作る

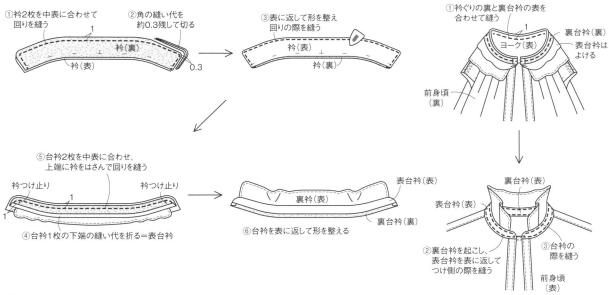

7 台衿をつける

8 袖を作る

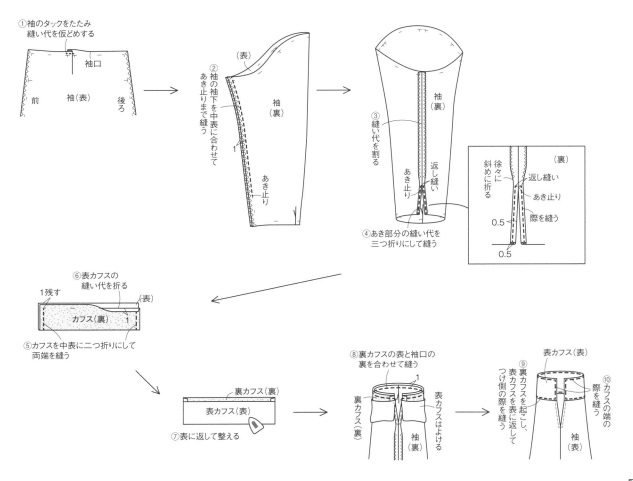

M メンズシャツ →P.21

出来上り寸法
S…バスト109cm　着丈71cm　袖丈23cm
M…バスト113cm　着丈72cm　袖丈23.5cm
L…バスト117cm　着丈73cm　袖丈24cm

パターン　3面
前身頃、後ろ身頃、ヨーク、見返し、ポケット、衿、台衿、袖

材料
表布：タナローン（Tresco　トレスコ／LE）= 108cm幅 S・M
　　　1m80cm／L 1m90cm
薄手接着芯：90cm幅 70cm
ボタン：直径1.15cmを6個

準備
＊前身頃の前端、衿、台衿の裏面に接着芯をはる。

作り方順序
1　ポケットを作り、左前身頃につける。→図
2　後ろ身頃のタックをたたみ、ヨークと縫う。→図
3　前身頃とヨークを縫う。→図
4　袖をつける。→P.43 5
5　袖下〜脇を続けて縫い、スリットを縫う。
　→P.52 H-4、スリットの縫い方は下図
6　袖口を始末する。縫い代を1cm、2.5cm幅の三つ折りにして縫う。
7　前身頃の前端を見返しで縫い返し、裾を始末する。→図
8　衿と台衿を作り、つける。→P.55 6、7。ただし、衿先の縫い代は角を約0.3cm残して三角に切る。
9　ボタンホールを作り、ボタンをつける。

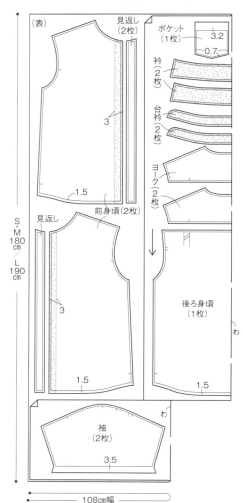

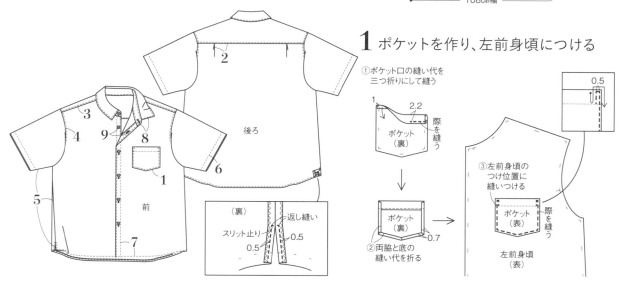

1 ポケットを作り、左前身頃につける

2 後ろ身頃のタックをたたみ、ヨークと縫う

①後ろ身頃のタックをたたみ、
　縫い代を仮どめする

後ろ身頃
（表）

②表裏ヨークの後ろ切替え線を
　中表に合わせて、後ろ身頃を
　はさんで縫う

裏ヨーク
（表）

表ヨーク（裏）

1

後ろ身頃
（表）

裏ヨーク
（裏）

表ヨーク（表）

0.3

③表裏ヨークを起こして
　下端を縫う

後ろ身頃
（表）

3 前身頃とヨークを縫う

①前身頃と表ヨークを中表に合わせ、
　前身頃と後ろ身頃を包むように
　裏ヨークを表ヨークと中表に
　合わせて縫う

表ヨーク（表）

前身頃（裏）

裏ヨーク（裏）

1

前身頃と後ろ身頃は表裏ヨークの間

後ろ身頃
（表）

裏ヨーク
（裏）

表ヨーク（表）

0.3

0.3

前身頃
（表）

②衿ぐりから身頃を引き出して
　表に返し、形を整えて、
　ヨークの前切替え線の
　下端を縫う

7 前身頃の前端を見返しで縫い返し、
　裾を始末する

①見返しの端の縫い代を折る

前身頃
（表）

1

1

見返し（裏）

②前身頃と見返しを中表に
　合わせて前端と裾を縫う

前身頃
（裏）

前中心

0.5

③前身頃の裾の
　角の縫い代を切る

④見返しを表に返して形を整える

前身頃
（裏）

見返し（表）

⑥見返しの端と前端の際を縫う

前身頃
（裏）

⑤裾の縫い代を
　三つ折りにして縫う

（裏）

際を縫う

0.7

0.8

57

I 袖つけに工夫のあるペプラムジャケット →P.16

出来上り寸法
S…バスト108cm 着丈57cm 前袖丈55.7cm
　　後ろ袖中心の丈63.5cm
M…バスト112m 着丈57cm 前袖丈56cm
　　後ろ袖中心の丈64cm
L…バスト116cm 着丈57cm 前袖丈56.3cm
　　後ろ袖中心の丈64.5cm

パターン 1面
前身頃、後ろ身頃、前衿ぐり布、後ろ衿ぐり布、前見返し、前ペプラム、後ろペプラム、前袖、後ろ袖、袖口見返し

材料
表布：ナイロン（Felda　フェルダ／UR）＝139cm幅 1m50cm
薄手接着芯＝90cm幅 60cm
ボタン＝直径1.7cmを5個

準備
＊前見返し、袖口見返し、前後表衿ぐり布の裏面に接着芯をはる。
＊前後ペプラムの脇の縫い代端をロックミシンで始末する。

作り方順序
1 前身頃に袖をつける。→図
2 後ろ身頃に袖をつける。→図
3 前後の肩～袖の中心を縫う。→図
4 袖口に見返しをつける。→P.52 H-2
5 袖下～脇を続けて縫い、袖口を仕上げる。
　→P.52 H-4①、5。ただし、脇は下端まで縫う。
6 ペプラムを作る。→図
7 身頃とペプラムを縫う。→図
8 前端を前見返しで縫い返し、裾を始末する。→P.57 7。ただし、裾は縫い代を1cm、2cm幅の三つ折りにして縫う。
9 衿ぐり布を作り、つける。→P.36 4、5。ただし、衿ぐりにギャザーは寄せず、衿ぐり布の前端～衿ぐりにもステッチをかける。
10 ボタンホールを作り、ボタンをつける。

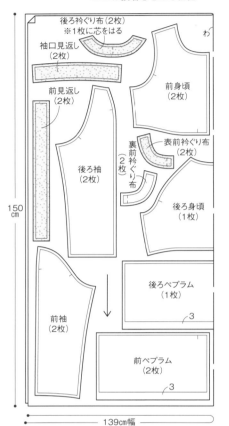

裁合せ図　＊指定以外の縫い代は1cm
　　　　　＊ は接着芯をはる位置

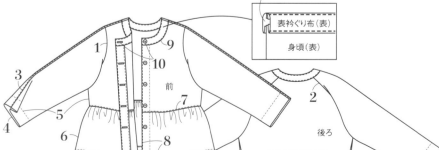

1 前身頃に袖をつける

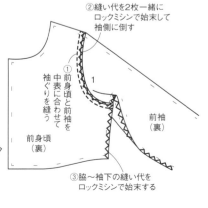

2 後ろ身頃に袖をつける

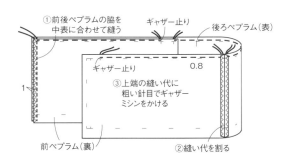

3 前後の肩～袖の中心を縫う

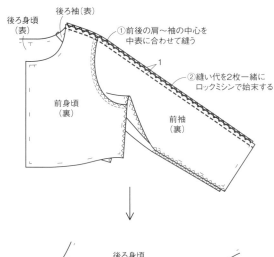

6 ペプラムを作る

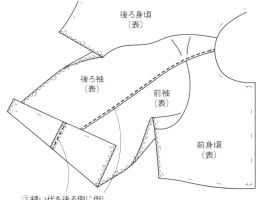

7 身頃とペプラムを縫う

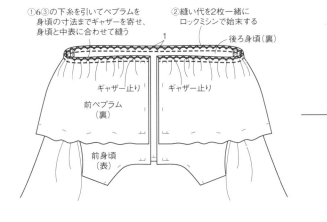

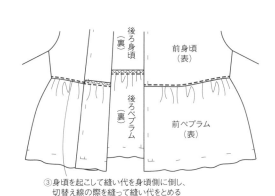

N キャップスリーブ前あきワンピース → P.22

出来上り寸法
S…バスト 123.5cm　着丈 107.5cm　袖丈 4.8cm
M…バスト 127.5cm　着丈 107.5cm　袖丈 5cm
L…バスト 131.5cm　着丈 107.5cm　袖丈 5.2cm

パターン　3面
前身頃、後ろ身頃、ヨーク、前立て、前衿ぐり見返し、
後ろ衿ぐり見返し、ポケット、ベルト、袖

材料
表布：ナイロン（Amies　エイミス／ZR）= 139cm幅　2m50cm
薄手接着芯 = 90cm幅　1m10cm
ボタン = 直径1.7cmを12個

準備
＊前後衿ぐり見返し、前立て、ベルト、ポケット口縫い代の裏面に接着芯をはる。
＊前身頃とヨークの肩の縫い代端をロックミシンで始末する。

作り方順序
1. ポケットを作り、つける。→ P.52 H 1。ただし、ポケット口は1cm、5cm幅の三つ折りにして縫う。
2. 後ろ身頃にタックをたたみ、ヨークと縫う。→ P.54 1
3. 前身頃とヨークを縫う。→ P.54 2。ただし、縫い代は割る。
4. 衿ぐり見返しを作る。→図
5. 前立てをつけて、衿ぐりを見返しで縫い返す。→図
6. 袖をつける。→ P.43 5。ただし、③は省く。
7. 袖下〜脇を続けて縫い、スリットを縫う。→ P.52 H-4、スリットの縫い方は図
8. 袖口、裾を始末して、前立てを仕上げる。→図
9. ベルトを作る。→図
10. ボタンホールを作り、ボタンをつける。ボタンは左前立てと後ろ身頃のウエスト脇につける。

裁合せ図　＊指定以外の縫い代は1cm
＊ は接着芯をはる位置

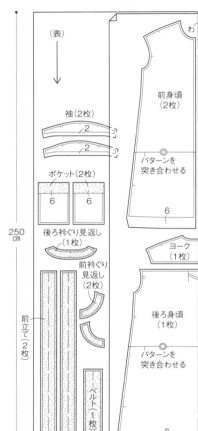

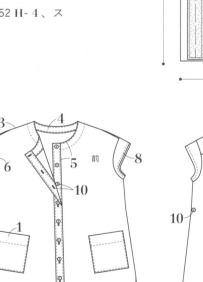

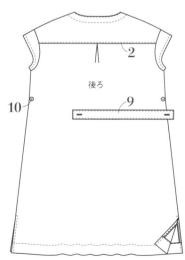

4 衿ぐり見返しを作る

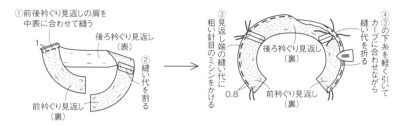

5 前立てをつけて、衿ぐりを見返しで縫い返す

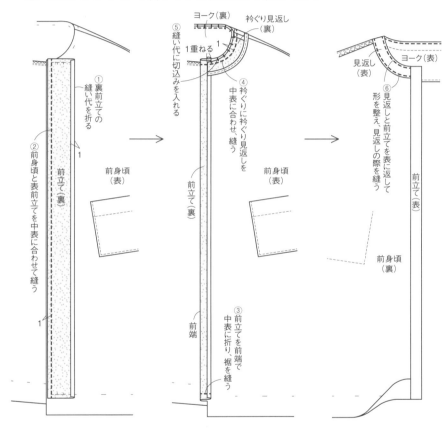

7 袖下〜脇を続けて縫い、スリットを縫う

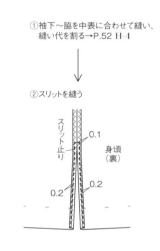

8 袖口、裾を始末して、前立てを仕上げる

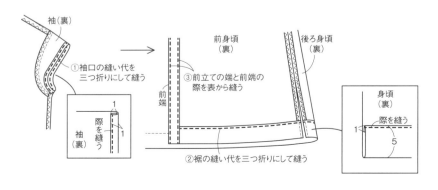

9 ベルトを作る

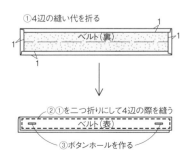

S 2つのVネックのリバーシブルジャンパースカート →P.27

出来上り寸法
S…バスト102cm 衿ぐりと肩の交点からの着丈109.8cm
M…バスト106cm 衿ぐりと肩の交点からからの着丈110cm
L…バスト110cm 衿ぐりと肩の交点からからの着丈110.2cm

パターン 4面
前身頃、後ろ身頃、裏前裾見返し、裏後ろ裾見返し
＊前後身頃とも、表身頃と裏身頃は同じパターンを使用

材料
表布：タナローン（A Celebration　ア・セレブレーション／
　　　25DU）＝ 108cm幅 2m30cm
裏布：タイプライタークロス＝ 110cm幅 2m50cm
接着テープ：バイアスタイプ＝ 0.9cm幅 2m80cm

準備
＊表前後身頃の衿ぐり、袖ぐりの縫い代の裏面に接着テープを
　はる。
＊表身頃、裏身頃とも前後の中心、脇の縫い代端を
　ロックミシンで始末する。

作り方順序
1 表身頃、裏身頃とも肩を縫う。前後身頃の肩を中表に合わ
　せて縫い、縫い代を割る。
2 衿ぐりと袖ぐりを縫う。→図
3 脇を縫う。→図
4 中心を縫う。→図
5 裏身頃の裾見返しを作り、裾を縫い返す。前後裾見返しの
　脇を縫い、縫い代を割る。裏身頃の裾と中表に合わせて縫い、
　表に返して見返しの上端の際を縫う。
6 表布の裾を始末する。裾の縫い代を1cm、2cm幅の三つ
　折りにして縫う。
7 衿ぐりと袖ぐりにステッチをかける。→図
8 袖ぐり下の脇に落しミシンをかける。→図

裁合せ図 ＊指定以外の縫い代は1cm
＊▭は接着テープをはる位置

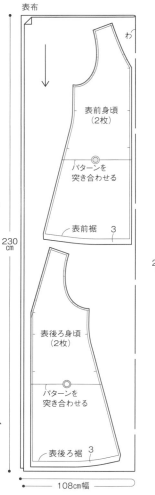

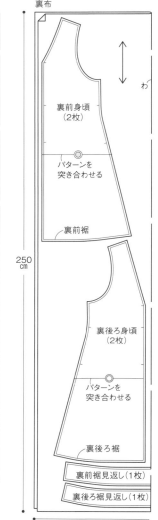

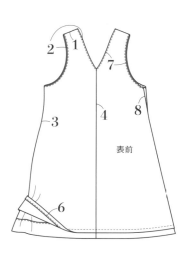

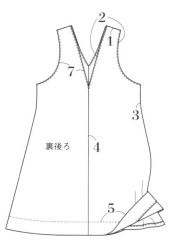

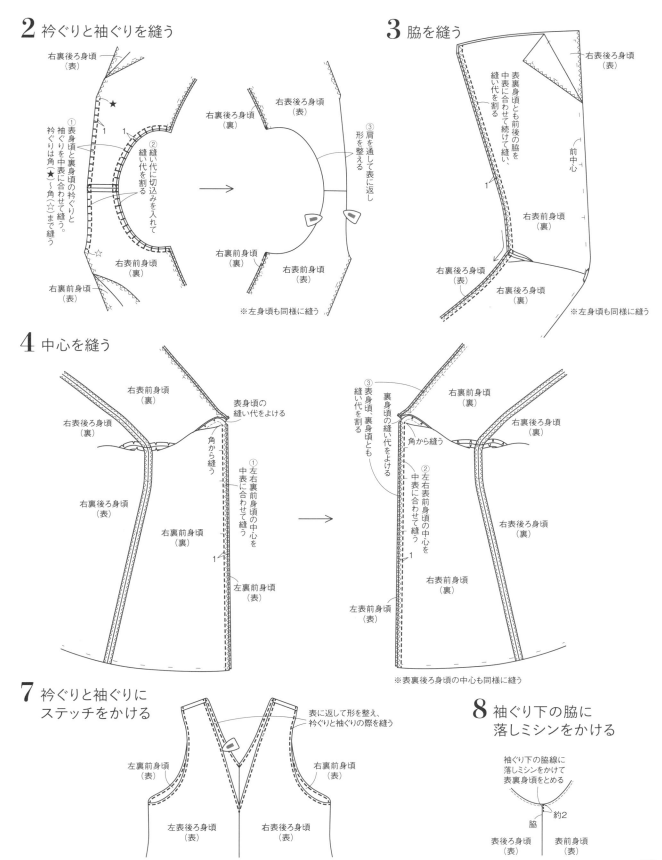

V バルーンシルエット ワンピース →P.30

裁合せ図　＊指定以外の縫い代は 1 cm
＊▨ は接着テープをはる位置

出来上り寸法
S…バスト108cm　着丈103cm
M…バスト112cm　着丈103.5cm
L…バスト116cm　着丈104cm

パターン　4面
前身頃、後ろ身頃、前後スカート
＊後ろあきバイアス布、肩あきバイアス布、リボン、衿ぐり縁とり布、
　袖ぐり縁とり布、ひもは図に示した寸法で裁つ。

材料
表布：タナローン（Master Plan　マスター・プラン／25AU）
　　　＝108cm幅 2 m60cm
接着テープ：バイアスタイプ＝0.9cm幅 60cm
ゴムテープ＝1 cm幅 42cm

準備
＊前後身頃の衿ぐりの裏面に接着テープをはる。
＊前後身頃の肩、前身頃の下端〜袋布、前スカートの上端、後ろ身頃の下端、
　後ろスカートの上端の縫い代端をロックミシンで始末する。

作り方順序
1　後ろ身頃のあきをバイアス布で始末する。→図
2　肩を縫う。前後身頃の肩を中表に合わせて縫い、縫い代を割る。
3　リボンを作ってあきに仮どめし、衿ぐりを縁とり布でくるむ。→図
4　肩先のあきをバイアス布で始末する。→1、図
5　袖ぐりを縁とり布でくるむ。→3②③⑤。⑤は袖ぐり下から縫う。
6　ポケットを作りながら、前身頃と前スカートを縫う。→図
7　後ろ身頃と後ろスカートを縫う。
　→6③〜⑥　ただし、ポケットは作らない。
8　脇を縫う。→図
9　裾を始末する。縫い代を 1 cm、2 cm幅の三つ折りにして縫う。
10　裾ひもを作り、裾に通す。→図

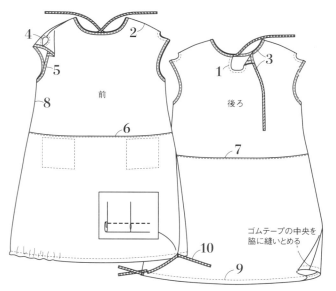

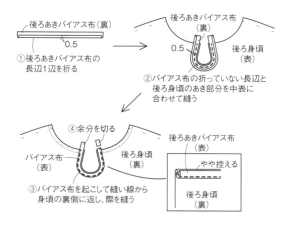

1 後ろ身頃のあきをバイアス布で始末する

3 リボンを作ってあきに仮どめし、衿ぐりを縁とり布でくるむ

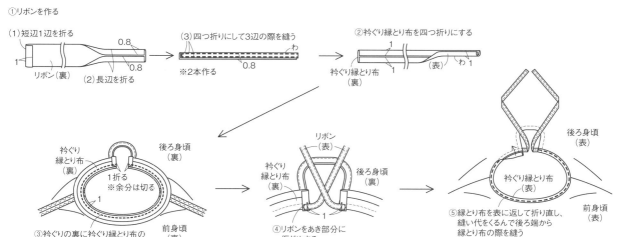

4 肩先のあきをバイアス布で始末する

6 ポケットを作りながら、前身頃と前スカートを縫う

8 脇を縫う

10 裾ひもを作り、裾に通す

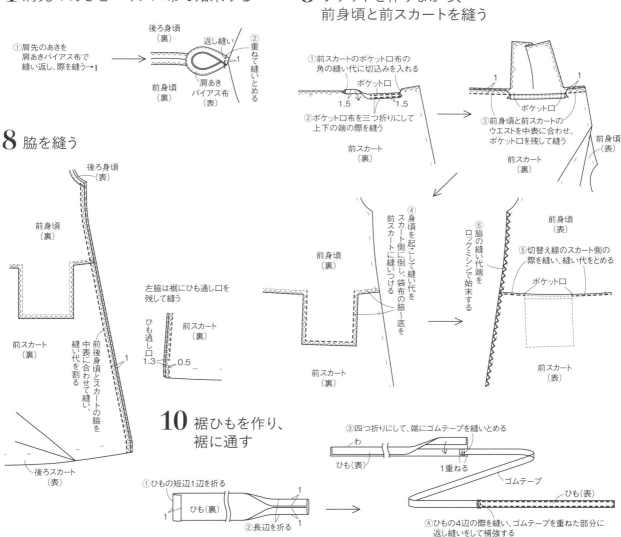

C リバーシブルティアードスカート →P.8

出来上り寸法
S…ウエスト（ゴム上り）66cm　ヒップ108cm　スカート丈80cm
M…ウエスト（ゴム上り）70cm　ヒップ112cm　スカート丈80cm
L…ウエスト（ゴム上り）74cm　ヒップ116cm　スカート丈80cm

パターン　1面
表前スカート、表後ろスカート、表脇スカート、表前ヨーク、
表後ろヨーク、裏前後スカート、裏前後ヨーク、ウエストベルト

材料
表布 a 柄：タナローン（Yoshie　ヨシエ／DE）＝108cm幅 90cm
表布 b 柄：タナローン（Patrick Gordon　パトリック・ゴードン／
　　　　　ZE）＝108cm幅 1m40cm
表布 c 柄：タナローン（Small Sus　スモール・サス／ZE）＝108cm
　　　　　幅 70cm
裏布：タナローン（Patrick Gordon　パトリック・ゴードン／XE）
　　　＝108cm幅 S 1m90cm／M、L3m40cm
ゴムテープ＝3cm幅を S67.5cm／M71.5cm／L75.5cm

準備
＊表スカートの前中心、裏スカートの前後スカートの中心（M、Lサイズ）
と脇、裏前後ヨークの脇の縫い代端をロックミシンで始末する。

作り方順序
〈表スカートを作る〉
1　前スカートの中心を縫う。→図
2　前後スカートにギャザーミシンをかける。→P.69 1
3　前後ヨークと前後スカートをそれぞれ縫う。→P.69 2①〜③
4　前後ヨーク・スカートと脇スカートを縫う。→図
5　裾を始末する。縫い代を1cm、3cm幅の三つ折りにして縫う。
〈裏スカートを作る〉
6　M、Lサイズは前後スカートの中心をそれぞれ縫う。→1
7　前後スカートにギャザーミシンをかける。→P.69 1
8　前後ヨークと前後スカートをそれぞれ縫う。→P.69 2①〜③
9　脇を縫う。前後ヨーク、スカートの脇を中表に合わせて縫い、
　　縫い代を割る。
10　裾を始末する。縫い代を1cm、5cm幅の三つ折りにして縫う。
〈表、裏スカートを合わせる〉
11　ウエストベルトを作る。→図、P.74 7②〜⑥
12　ウエストベルトをつけて、ゴムテープを通す。→P.74 8①〜④、
　　ゴムテープの端のとめ方は P.49 10②

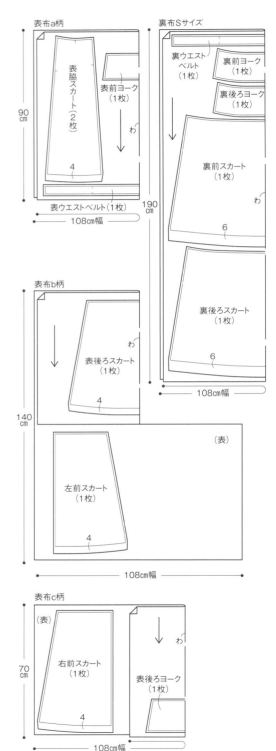

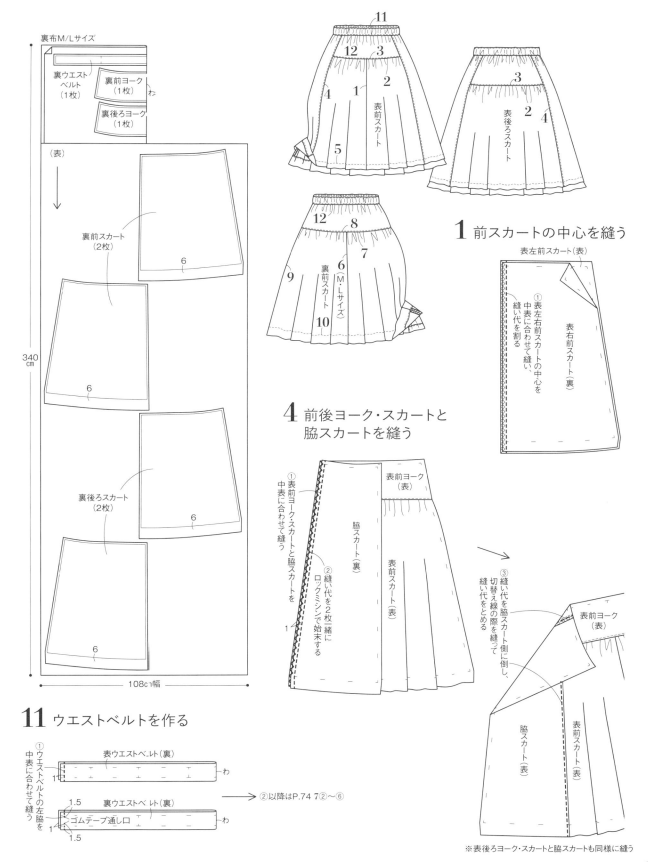

J ティアードキュロット → P.17

出来上り寸法
- S…ウエスト（ゴム上り）66cm　ヒップ（裏布）151cm
  パンツ丈87.5cm
- M…ウエスト（ゴム上り）70cm　ヒップ（裏布）155cm
  パンツ丈87.5cm
- L…ウエスト（ゴム上り）74cm　ヒップ（裏布）159cm
  パンツ丈87.5cm

パターン　3面
表上前パンツ、表中前パンツ、表下前パンツ、表上後ろパンツ、表中後ろパンツ、表下後ろパンツ、口布、袋布、前ウエストベルト、後ろウエストベルト、裏前パンツ、裏後ろパンツ

材料
- 表布：タナローン（Felix And Isabelle　フェリックス・アンド・イザベル／HE）＝108cm幅　2m50cm
- 裏布：綿ローン＝110cm幅　1m
- 接着テープ：ストレートタイプ＝0.9cm幅　35cm
- 接着ベルト芯＝4cm幅　S23cm／M24cm／L25cm
- ゴムテープ＝3cm幅　S45cm／M48cm／L51cm

準備
* 表上前パンツのポケット口縫い代の裏面に接着テープ、表前ウエストベルトの裏面に接着ベルト芯をはる。
* 前後表上・中・下パンツの脇と股下、前後裏パンツの脇と股下の縫い代端をロックミシンで始末する。

作り方順序
1. 表中・下パンツにギャザーミシンをかける。→図
2. 表上・中・下パンツを縫う。→図
3. 股上を縫う。→図
4. 脇ポケットを作りながら、脇を縫う。→ P.73　3
5. 股下を縫う。→図
6. 裏パンツを作る。→ P.73　3〜5　ただし、脇は前後パンツを中表に合わせてポケットを作らず縫う。裾は縫い代を0.5cm、0.5cm幅の三つ折りにして縫う。
7. ウエストベルトを作る。→ P.74　7　ただし、前後ウエストベルトの上端は「わ」で裁つため、①は表裏ウエストベルトの脇を続けて縫い、③④は省く。
8. ウエストベルトをつけて、ゴムテープを通す。→ P.74　8
9. 股上の底を縫いとめる。→ P.74　9
10. 裾を始末する。縫い代を1cm、2cm幅の三つ折りにして縫う。

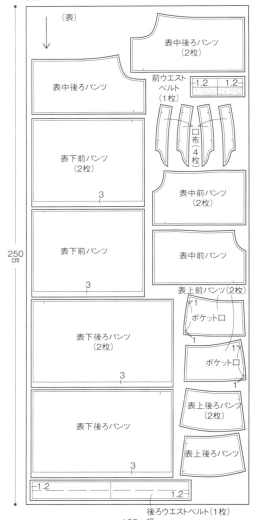

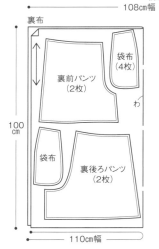

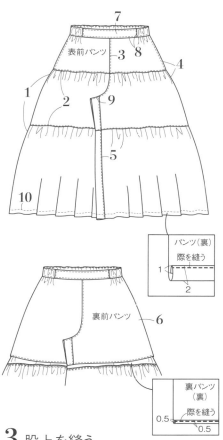

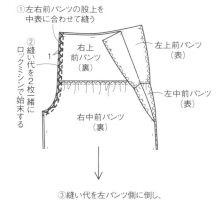

3 股上を縫う

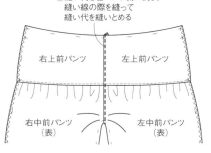

1 表中・下パンツにギャザーミシンをかける

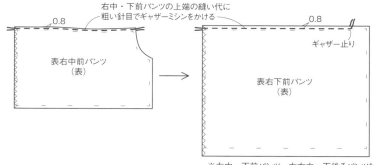

2 表上・中・下パンツを縫う

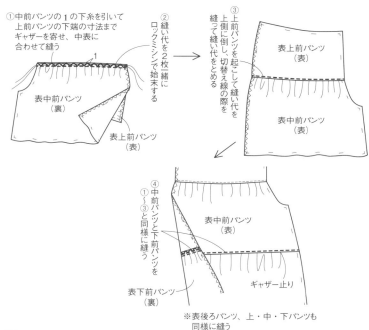

5 股下を縫う

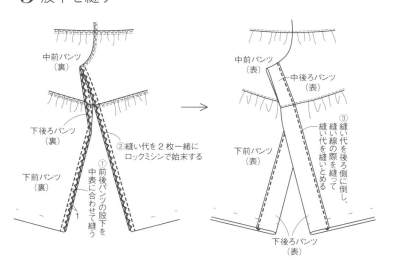

K パンツ？スカート？ →P.18

出来上り寸法
S…ウエスト（ゴム上り）68cm　パンツ丈77cm
M…ウエスト（ゴム上り）72cm　パンツ丈77.5cm
L…ウエスト（ゴム上り）76cm　パンツ丈78cm

パターン　4面
前パンツ、後ろパンツ

材料
表布 a 柄：タナローン（Swim Dunclare　スイム・ダンクレア／UE）＝ 108cm幅 1m80cm
表布 b 柄：タナローン（Ianthe　アイアンシ／ZE）＝ 108cm幅 1m90cm
接着芯＝ 40 × 4cm
ゴムテープ＝ 3cm幅 S36cm／M38cm／L40cmを2本
＊ゴムテープの長さは、ウエストに合わせて調整してください。
ボタン＝直径2cmを4個

準備
＊ボタンホールとボタンつけ位置の裏面に接着芯をはる。
＊前後パンツの脇の縫い代端をロックミシンで始末する。

作り方順序
1　脇を縫う。→図
2　股下を縫う。→図
3　裾を始末する。縫い代を1cm、3cm幅の三つ折りにして縫う。
4　股上を縫う。→図
5　ウエストにゴムテープを縫いつけて始末し、前後パンツを重ねてとめる。→図
6　ボタンホールを作り、ボタンをつける。ボタンホールは前後パンツを重ねて作り、ボタンは前後パンツにつける。

裁合せ図　＊指定以外の縫い代は1cm
　　　　　　＊ は接着芯をはる位置

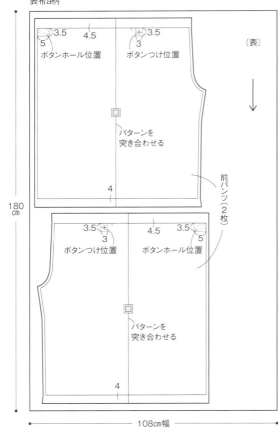

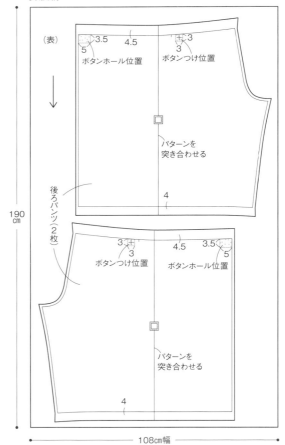

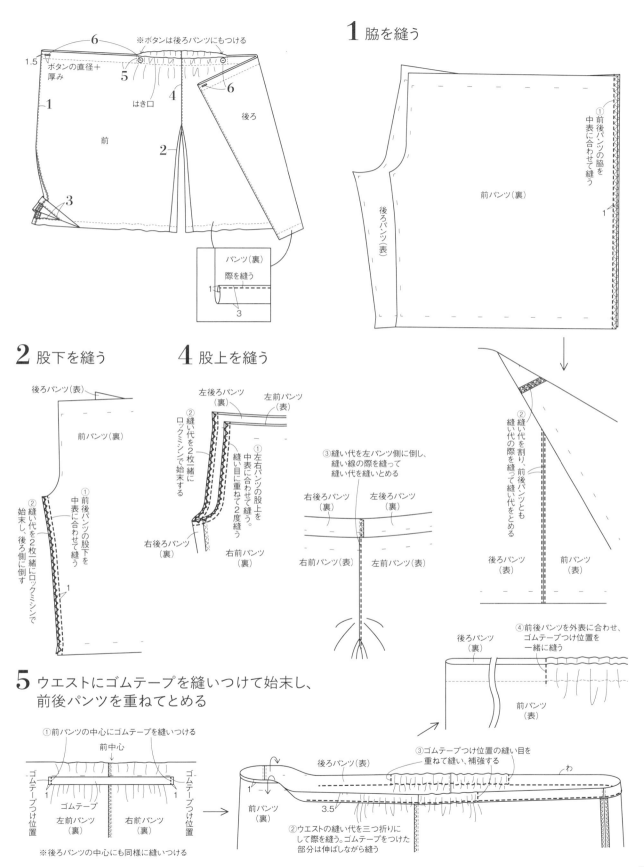

T ワイドパンツ → P.28

出来上り寸法
S…ウエスト（ゴム上り）66cm　ヒップ139cm
　　パンツ丈98.5cm
M…ウエスト（ゴム上り）70cm　ヒップ143cm
　　パンツ丈99cm
L…ウエスト（ゴム上り）74cm　ヒップ147cm
　　パンツ丈99.5cm

パターン　4面
前パンツ、後ろパンツ、前ウエストベルト、
後ろウエストベルト、後ろポケット、口布、袋布
＊前後パンツとも、表パンツと裏パンツは同じパターンを使用

材料
表布：タナローン（Bernard's Buildings　バーナーズ・ビル
　　　ディングス／25AU）= 108cm幅　2 m40cm
裏布：綿ローン = 110cm幅90cm
接着テープ：ストレートタイプ = 0.9cm幅 40cm
接着ベルト芯 = 4 cm幅 S20cm／M22cm／L24cm
ゴムテープ = 3 cm幅 S48cm／M50cm／L52cm

準備
＊表前パンツのポケット口縫い代の裏面に接着テープ、表前
　ウエストベルトの裏面に接着ベルト芯をはる。
＊表裏前後パンツの脇、股下、後ろポケットの脇〜底、口布
　の脇の縫い代端をロックミシンで始末する。

作り方順序
1　表裏後ろパンツのダーツを縫う。ダーツを中表に合わせ
　　て縫い、縫い代を中心側に倒す。
2　後ろポケットを作り、つける。→図
3　脇ポケットを作りながら、脇を縫う。→図
4　股下を縫う。→図
5　股上を縫う。→図
6　裏パンツを作る。→ P.73 3、P.74 4〜5　ただし、脇
　　ポケットを作らずに縫う。裾は縫い代を0.5cm、0.5cm
　　幅の三つ折りにして縫う。
7　ウエストベルトを作る。→図
8　ウエストベルトをつけて、ゴムテープを通す。→図
9　股上の底を縫いとめる。→図
10　裾を始末する。縫い代を1 cm、5 cm幅の
　　三つ折りにして縫う。

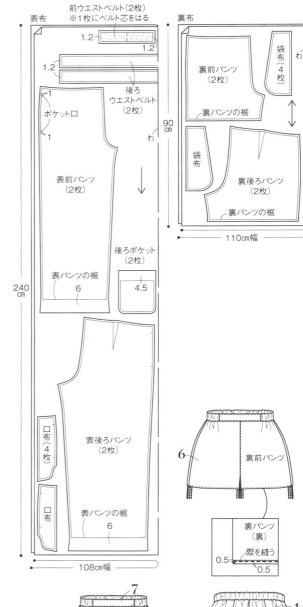

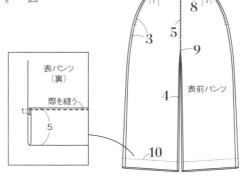

2 後ろポケットを作り、つける

3 脇ポケットを作りながら、脇を縫う

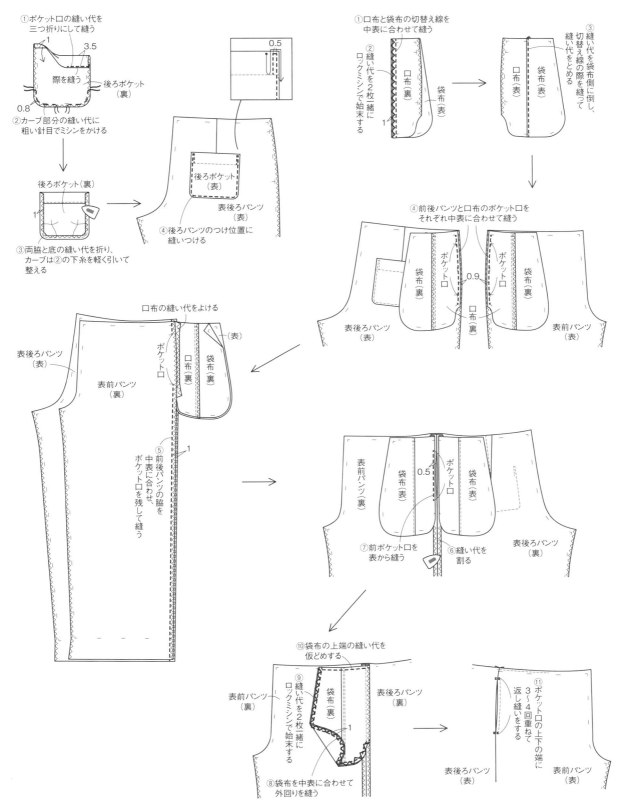

4 股下を縫う

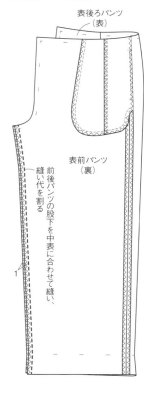

5 股上を縫う

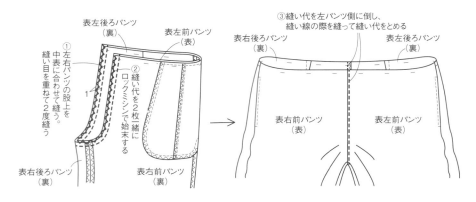

7 ウエストベルトを作る

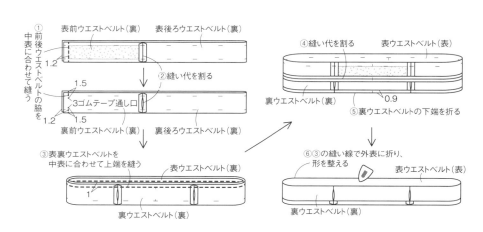

8 ウエストベルトをつけて、ゴムテープを通す

9 股上の底を縫いとめる

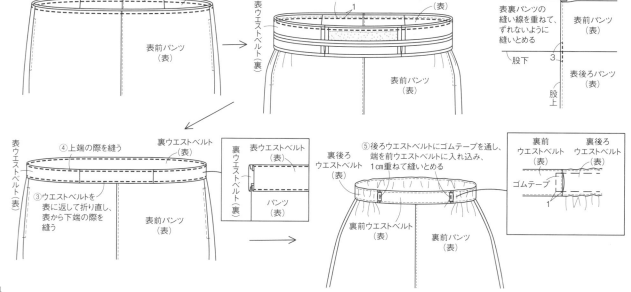

O-1 コサージュ → P.24

出来上り寸法
幅約10cm　長さ約18cm

パターン
a → P.76

材料
表布a柄：タナローン＝10×4cmを8枚
表布b柄：タナローン＝10×10cmを8枚
表布c柄：タナローン＝10×10cmを8枚
表布d柄（茎用）：タナローン＝25×25cmを6枚
表布e柄（まとめ用）：1×20〜30cm（適量）1枚
ブローチピン＝2.5cm幅1個
手芸用接着剤

作り方順序

1　表布d柄で茎を作る。→図
〈花aを作る〉
2　表布a柄で花びらを作る。→図
3　茎に花びらをつける。→図
〈花bを作る〉
4　表布b柄で花びらを作る。→図
5　茎に花びらをつける。→図
〈花cを作る〉
6　表布c柄で花びらを作る。→図
7　茎に花びらをつける。→図
〈花a、b、cをまとめる〉
8　花a、b、cを表布e柄で巻き、接着剤でとめる。→図
9　裏側にブローチピンを縦向きに縫いつける。

裁ち方図

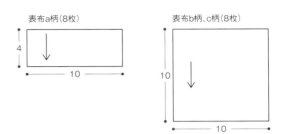

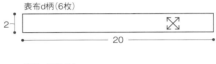

1 表布d柄で茎を作る

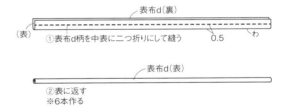

2 表布a柄で花びらを作る

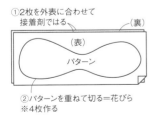

3 茎に花びらをつける

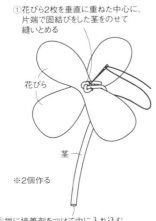

4 表布b柄で花びらを作る

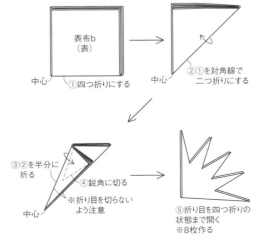

5 茎に花びらをつける

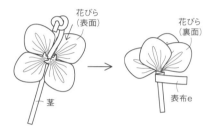

茎を中心に花びら4枚を
まとめて縫いとめる
※2個作る

6 表布c柄で花びらを作る

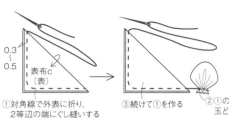

①対角線で外表に折り、
2等辺の端にぐし縫いする

③続けて①を作る

②①の糸を絞り、
玉どめする

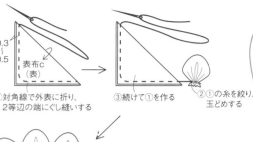

④4枚つないで作り、玉どめする
※2個作る

7 茎に花びらをつける

①花びらの中心に、端で
固結びをした茎を入れて
接着剤でとめる

②表布eの裏に接着剤を
塗り、花びらの縫い代が
隠れるように巻く

8 花a、b、cを表布e柄で巻き、接着剤でとめる

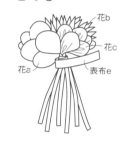

実物大パターン

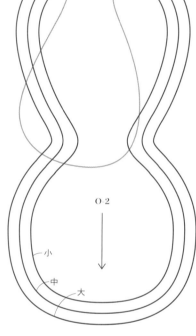

O-2 コサージュ → P.24, 25

出来上り寸法
約10 × 10cm

パターン 右上図

材料
表布：タナローン = 6 × 11cm を 16枚
ボタン = 直径3.3cm を 1個
ブローチピン = 2.5cm幅を1個、手芸用接着剤

裁ち方図

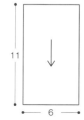

4 表側にボタン、裏側にブローチピンを縫いつける

作り方順序

1. 表布2枚を外表に合わせて接着剤ではり、パターンを重ねて切る。→ P.75 2。 ここでは花びらを大4枚、中2枚、小2枚作る。
2. 花びらを大、中、小の順に、端をずらしながら重ね、中心を縫いとめる。
3. 各花びらの裏面の中心近くを接着剤でとめて、形を整える。
4. 表側にボタン、裏側にブローチピンを縫いつける。ブローチピンは横向きにつける。

作り方のポイント

* 1 は接着剤が乾いて固くなる前に作業をする。

P 三角バイアススカーフ →P.24, 25

出来上り寸法
幅21.5cm　長さ170cm

材料
表布：タナローン＝32×32cmを7枚

作り方順序
1. 7枚を縫って長方形の1枚を作る。→図
2. 7枚それぞれを対角線で折り、縫う。→図
3. 表に返して形を整え、返し口をまつる。

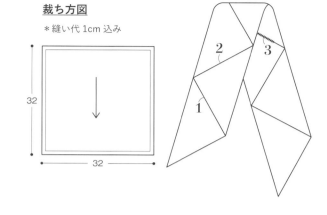

1 7枚を縫って長方形の1枚を作る

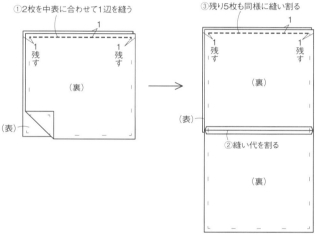

2 7枚それぞれを対角線で折り、縫う

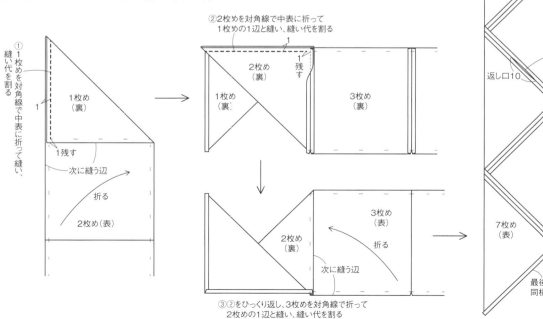

Q パッチワークバッグ → P.24

出来上り寸法
縦28cm　横40cm　まち4cm

材料
表布8柄：タナローン＝各サイズは裁ち方図参照
土台布：薄手の綿ローン＝50×70cm
裏布：綾織り木綿＝70×70cm
薄手接着キルト芯＝50×60cm

準備
＊土台布、持ち手の中央の裏面に接着キルト芯をはる。

作り方順序

1. 表袋布を作る→図
2. ポケットを作り、裏袋布につける。→図
3. 持ち手を作り、表袋布につける。→図
4. 袋口を縫う。→図
5. 底にまちをたたみ、脇を縫う。→図
6. 袋口、持ち手の下端を縫う。→図

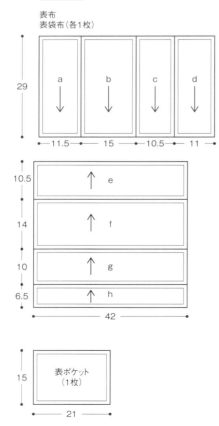

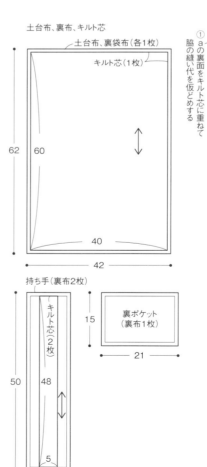

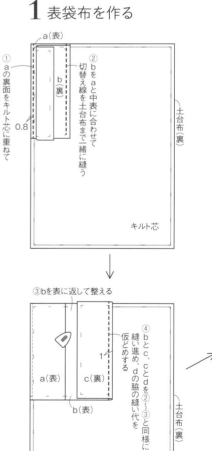

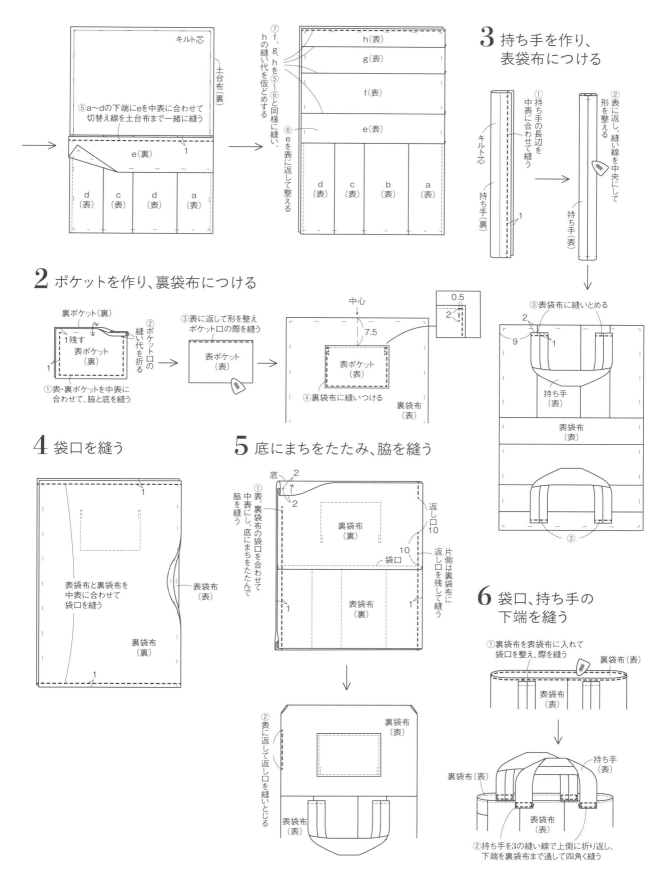

阿部真理 あべまり

文化服装学院卒業。
ファッションデザイナーとしてアパレルメーカー勤務を経て、自社ブランド「マ・レルラ」設立。一年に数回全国のギャラリー、百貨店などでリバティプリントの服を発表している。
都内より移転し、群馬県の赤城山の麓にアトリエ、ショップを開き、ソーイングを中心にニット、クラフトを楽しむハンドメイドクラス、またリバティプリントの服を1日で完成させる1DAYWORKSHOPを開催。
自然を満喫しながらライフスタイル全般の様々なテーマでの催しは遠方からも多くの参加者があり、楽しいイベントとなっている。
著書は『リバティプリント新しいクチュール』(文化出版局)がある。

ブックデザイン
渡部浩美

撮影
ローラン麻奈

スタイリング
串尾広枝

ヘア&メークアップ
高野智子

モデル
記虎ミア
伊藤 翼（p.21）

作り方編集
高井法子

デジタルトレース　パターン配置
八文字則子

パターングレーディング
上野和博

作品製作協力
星野久美子
齋藤美樹
安田千絵
堀峰けい子
柏瀬房代
中垣恵子

パターン協力
宮崎ときえ

校閲
向井雅子

編集
宮崎由紀子
大沢洋子（文化出版局）

[リバティプリント生地提供]
リバティジャパン
tel.03-6412-8320
https://www.liberty-japan.co.jp/

[スタイリング協力]
● Le Minor
p.25 ボーダートップス

● GREYCHORD
p.19（左上）白カットソー

● STATE OF MIND
p.19（右上）リブカットソー

● NEEDBY heritage
p.7 デニムパンツ
／すべて GUEST LIST
tel.03-6869-6670

● MidiUmi
p.17 ニット、p.22 23 プリーツスカート
／マザーズインダストリー
tel.03-6804-1047

● MARMARMAR
p.10 パンツ
／マーコート 自由が丘店
tel.03-6421-4401

● plus by chausser
p.5 13 Tストラップパンプス
tel.03-3716-2983

● ORDINARY FITS
p.1 20 21 デニムパンツ
／yard
tel.06-6136-5225

● Sashiki
p.14 15 17 21 22 23 帽子
tel.0467-28-8108

● Blanc Bleu Minuit
p.19（左上）シャツ
／ニィードゥー
tel.03-6459-5945

● NOMBRE IMPAIR
p.25 ジャケット、p.27 ブラウス
／ノンブルアンペール吉祥寺パークストア
tel.0422-26-8300

● FIL DE FER
p.9 ブラウス、p.19（下）ブラウス、
p.22 カットソー、p.28 ブラウス
／フィル デ フェール たまプラーザ店
tel.045-904-3890

リバティプリントで楽しむ私の服作り

2025年　3月　29日　第1刷発行

著　者　　阿部真理
発行者　　清木孝悦
発行所　　学校法人文化学園 文化出版局
　　　　　〒151-8524 東京都渋谷区代々木3-22-1
　　　　　☎ 03-3299-2489（編集）
　　　　　☎ 03-3299-2540（営業）
印刷・製本所　株式会社文化カラー印刷

©Mari Abe 2025　Printed in Japan
本書の写真、カット及び内容の無断転載を禁じます。

● 本書のコピー、スキャン、デジタル化等の無断複製は著作権法上での例外を除き禁じられています。
　本書を代行業者等の第三者に依頼してスキャンやデジタル化することは、たとえ個人や家庭内での利用でも著作権法違反になります。
● 本書で紹介した作品の全部または一部を商品化、複製頒布、及びコンクールなどの応募作品として出品することは禁じられています。
● 撮影状況や印刷により、作品の色は実物と多少異なる場合があります。ご了承ください。

文化出版局のホームページ https://books.bunka.ac.jp/